빛깔있는 책들 ●●●
280

제주 돌담

글·사진 | 김유정

(주)대원사

제주 돌담

지자 소개

글·사진 | 김유정

제주도 서귀포시 모슬포 출생, 제주대학교 미
술교육과와 부산대학교 예술학 석사를 마치고
한국미술평론가협회 소속 미술평론가, 이중섭
미술관·설문대여성문화센터·제주시 우당도
서관 운영위원으로 있다. 현재 제주대학교 교
육대학에 출강하고 있으며, 〈제주문화연구소〉
를 운영하고 있다. 최근 2년간 《제주신보》에
'김유정의 산담기행'을 연재했으며, 2017년 『제
주해양문화읽기』로 한국출판문화진흥원 우수
콘텐츠로 선정된 바 있다. 2016년 〈제주4·3미
술제 예술감독〉을 지냈다. 저서로는 『제주의
무신도』, 『아름다운 제주석상 동자석』, 『제주
의 무덤』, 『제주 풍토와 무덤』, 『제주미술통사』,
『제주 돌담』, 『제주의 돌문화』, 『제주 산담』 등
이 있다.

차 례

삶의 역사가 된 제주 돌담

제주가 세계인의 주목을 받고 있다. 2007년 세계 자연유산·2009년 세계 문화유산 지정, 2010년 세계 지질공원으로 인증을 받으면서 제주도 전체가 하나의 인류문화유산의 보고가 되었다. 다시 2013년 4월, 제주 밭담이 국제연합식량농업기구(FAO)에 의해 세계중요농업유산(GIAHS)으로 인정되었다. 물론 제주 돌담 가운데 밭담만 추려 세계중요농업유산으로 지정된 것은 무척 아쉬운 일이다. 원래 밭담은 농업유산만이 아니라 목축유산과도 관련이 있기 때문이다. 밭담의 중요한 역할 중 하나가 마소의 침입을 막기 위한 것이 그 증거인데, 이후 밭담을 포함하여 제주의 돌담 전체가 세계문화유산으로 인정받는 날을 기대해 본다.

제주도 모양을 옛 사람들은 '탄환(彈丸)'과 같다고 생각했다. 생긴 모습이 긴 타원형을 이루고 있기 때문이다. 제주도는 동서 길이가 약 73km, 남북 길이가 53km로, 고구마같이 타원형으로 생긴 섬인데, 8개의 유인도와 54개의 무인도로 이루어져 있다. 제주도의 면적은 1845km², 중앙경위선은 동경 127° 27′, 북위 33° 22′에 해당한다. 제주해협을 건너 한반도 내륙과의 거리는 가장 가까운 곳이 전라남도 해남곶으로, 제주에서 58km 지점이다. 제주에서 일본은 260km가 되는 사세보가 가장 가깝고, 중국의 가장 가까운 곳은 양쯔강 하구에 있는 상하이가 420km 정도 된다.

제주도 중앙에는 남한 최고봉 한라산이 우뚝 서 있다. 20C 초, 독일 사람 지그프리드 겐테(Sigfried Genthe, 1870~1904)가 측정한 높이는 해발 1950m, 제주도는 화산 활동에 의해 생긴 해중(海中) 고도(孤島)이다. 바다 멀리서 보면 한라산 자체가 섬으로 보인다. 제주도의 나이는 약 120만 년, 제주도 지질 형성의 화산 활동은 신생대 제3기 말인 플라이오세부터 제4기 홍적세까지로 알려져 있다. 최근까지 연구에 의하면 화산 활동은 모두 5회의 분출 윤회에 79회 이상 용암 분출이 확인되고 있다. 각 분출 윤회마다 '현무암의 유출 → 조면질 안산암 또는 조면암 분출 → 화산쇄설물 분출'의 과정을 거쳤다.

제1 분출기는 전기와 후기로 나눌 수 있는데, 전기(120만 년~94만 년 전)에는 서귀포층 밑의 기저 현무암이 형성되었고, 후기(90만 년 전~70만 년 전)에는 제주도 남쪽 해안에 해당하는 서귀포와 안덕면을 중심으로 조면암질 용암이 분출하여 급경사의 화산 지형(산방산, 범섬, 문섬 등의 용암원정구)이 형성되었다. 산방산 조면암이 포함되는 이들 화산암은 제주도 지표에 분포하는 가장 오래된 화산암이다.

제2 분출기는 약 70만 년~30만 년 전으로 추정되며, 검은색을 띠는 표선리 현무암의 열하 분출로 타원형을 이룬 동서 방향의 제주도 용암 평원(용암대지)이 형성되었고, 이 과정에서 기생 화산과 용암 동굴 등이 발달하였다.

제3 분출기는 약 30만 년~10만 년 전으로, 중심 분화에 의해 한라산 순상 화산체가 형성되었다. 제주도 남쪽과 북쪽의 해안 지대와 전체 중산간 지대를 덮고 있는 제주 현무암과 서귀포시 하효리 현무암은 이때 분출했다. 16만 년 전에는 한라산 정상 서북벽을 중심으로 한라산 조면암이 분출하여 용암원정구의 골격이 만들어졌다.

제4 분출기는 10만 년~2만 5000년 전으로, 후화산 작용에 의해 오름과 같은 기생 화산이 대부분 형성되었고, 백록담 현무암이 분출되면서 백록담 분화구가 만들어졌다. 제주도의 기반암은 화강암인데, 대륙판 위로 화산암이 분출하여 섬이 만들어졌다. 현무암이 제주도 지표면의 90% 이상을 덮고 있다.

최근 제주도의 화산 폭발은 7000년 전후에 분출한 송악산이 있고, 제주도 서귀포시 상창리의 현무암층 아래에서 발견한 탄화목(숯)을 방사성 탄소연대 측정 결과 상부층의 현무암이 생성된 연대가 5000년 전이라는 사실이 한국지질자원연구원 국토지질연구본부에 의해서 확인됐다. 지질 연대로 매우 가까운 시기인 약 5000년 전에도 제주도에 화산 분출이 있었다는 말이다.

그러나 역사 사료에는 이보다 더 이른 시기에 화산이 분출했다는 기록이 있다. 『고려사(高麗史)』에 의하면, 약 1000여 년 전인 고려 목종 5년(1002)과 10년(1007)에 화산 분출이 2회 있었으나 화산이 분출한 장소는 비양도나 군산 등 아직도 이견(異見)이 분분하다.

제주를 보라. 가깝게는 1000년에서 멀게는 10만 년 이상의 용암 분출의 흔적들이 곳곳에 산재해 있다. 제주도의 숨골이면서 허파라고 하는 곶밧(곶자왈)이 그렇고, 지하에는 용암이 급속히 빠져나가면서 형성된 용암 동굴이 그 흔적이다. 제주의 돌담은 어디를 가나 용암과 뗄 수 없는 관계에 있다. 해안의 돌들은 해식애에서 떨어져 나왔거

섬으로 몰려오는 해안의 파도

나 파식대에서 구르는 돌들이다. 해안은 제주인들이 '빌레'라 부르는 파호이호이가 긴 몸을 바다에 누이고 있고, 때로는 지역에 따라 아아(aa) 용암의 클링커가 바다에 막혀 날카로운 해변을 만들기도 한다. 바다 곳곳에 섬처럼 보이는 암초들은 용암이 흐르다 멈추면서 부풀어 오른 투물러스 무리들인데, 이 무리들을 '여(礖)'라고 한다.

이런 용암의 흔적은 비단 해안에만 있는 것이 아니다. 제주의 들녘을 눈여겨보면 용암의 흔적은 어디서든 줄기처럼 흐르다 중간에서 끊긴 모습으로 대지를 베고 누워 있다. 지역에 따라 돌의 암질과 모양, 크기도 다르다. 암반에서 떨어져 나와 풍화되면서 구르다 몽근 돌들도 있다. 그래서 돌담의 형태도 큰 돌, 각돌, 둥근 돌, 작은 돌, 자갈로 쌓는 둥 바다, 내천, 들, 밭 등 장소와 암질의 산지에 따라 제각각이다.

사람들은 제주에서 가장 쉽게 만날 수 있는 것을 '돌담'이라고 한다. 돌담 곁에는 사계절 꽃이 핀다. 돌담 아래 늦게 핀 청초한 수선화가 여유롭게 기울어진 햇살을 받는가 하면, 갯가의 빌레 사이 막 피어나는 보랏빛 갯쑥부쟁이가 바닷바람에 흔들리는 몸을 가누고 있다. 계절이 바뀌면서 외세를 막기 위해 쌓았던 환해장성(環海長城) 너머 해안은 흰 파도로 인해 더욱 푸른빛으로 변한다. 산천의 초록이 짙어가고 유채꽃이 질 무렵 돌담의 키를 넘으려는 날랜 보리의 물결이 가는 봄을 붙잡는 것 같다.

여름의 올레담 밑에는 진홍색 봉선화가 핀다. 제주에서는 이 봉선화를 '뱀꽃'이라는 의미인 '배염고장'이라고 부른다. 전하는 말에 의하면 돌담 아래 봉선화를 많이 심는 이유가 뱀을 쫓기 위한 것이라 한다.

사계절 바람 부는 제주의 척박한 땅 돌담은 바람을 막아 주는 중요한 역할을 한다.

　돌담, 아버지의 아버지가 쌓은 노동의 축적. 이름 모를 사람들의 대지 예술. 태풍이 불어 이 빠지듯이 무너진 돌담을 아버지의 아들은 세대를 이어 쌓고 쌓았다. 약속처럼 아버지는 묵묵히 검은 빌레 용암을 깨었고, 아들은 그 각돌을 날라다 돌담을 쌓았다. 어머니는 늘 하던 대로 밭의 김을 매다가 골라도 골라도 또 나오는 주먹만한 돌들을 골채로 날랐다. 그것들은 밭담이 되었고, 머들(돌무더기)이 되었고, 잣벽(잔돌로 쌓은 돌벽)이 되었다.

　시간의 힘은 실로 무섭다. 돌 하나에 깃든 작은 손노동도 시간이 뭉쳐지면 길고 긴 검은 돌담의 행렬로 변했다. 그로부터도 수백 년의 시간이 지나면서 뱀의 몸처럼 검은 돌담은 고구마 모양의 제주 섬을 종횡으로 얽었다. 돌담은 우리의 생각보다 더 나이를 먹었다. 그에 관한 삶의 노래는 더 진득했고, 돌담의 길이 또한 예상 밖으로 만리(里)나 되었다.

돌담은 인공물임에도 자연미를 풍긴다. 그대로 자연을 지향해서일까. 구불거리는 돌담 선들의 자연스러움은 질박하기 그지없고, 끝없이 이어지는 돌담은 원래의 모습인 양 자리를 잡은 듯 땅에 익숙하다. 거북등처럼 갈라진 투물러스의 각돌을 뚝 떼어 내어 턱턱 올려 돌담을 쌓았지만 세월의 비바람도 그것을 무너뜨리지 못한 채 다시 자연의 위치로 돌려보냈다. 어디를 보아도 땅과 돌담은 애초부터 하나였고, 이후로도 한 몸이 되었다.

삶을 향한 인간의 열정은 대단하다. 삶을 위해 쥔 흙은 바람 땅의 생명들을 키웠으며, 수명이 다해 누운 땅은 그 자리가 제주인의 영혼의 집이 되고 초상(조상신)이 돼 자손들을 지켰다. 돌섬에서는 삶과 죽음이, 인간과 신이 공존했다.

돌담에 얽힌 사연 또한 우리의 이야기다. 우리의 이야기는 내 이야기이고, 그 이야기는 가족사이자 마을의 역사이고 섬의 역사다. 농민인 아버지는 노동요를 부르며 암반의 대지를 갈아엎고, 테우리(목동)인 삼촌은 말 떼를 지키면서 캣담(목장의 돌담)을 쌓았다. 아들인 어부는 갯가의 테우(제주 전통 뗏목)를 보호하기 위해 포구에 방파(防波) 돌담을 쌓았다. 마을 사람들은 찬거리를 마련하기 위해 돌그물인 원담을 해변에 쌓았다. 줌녀(해녀)인 어머니는 바닷물에 시린 몸을 녹이려고 갯가에 불턱(해녀들의 쉼터)을 만들었다. 마을 사람들은 망자의 영혼을 위무하고 저승에서의 안위를 바라며 네모난 산담을 쌓았다. 나는 곳곳에 삶의 흔적이 남은 돌담을 기억하면서 돌담을 읽어 주는 사내가 되었다.

온 섬 전체에 뒹구는 것이 돌이다. 돌은 재앙이기도 했지만 섬에 살기 위해서는 꼭 그것을 이용해야만 하는 필요악이 되었다. 그래서 사람이 사는 집, 짐승이 사는 집, 영혼이 사는 집도 돌담으로 둘렀다.

제주 돌담은 크게 생활 속의 돌담과 사자(死者)를 위한 돌담으로 나눌 수 있다. 생활 속의 돌담은 말 그대로 생존을 위한 구조물이다. 초가의 집담(축담), 집 안으로 들어가는 올레담, 농사를 위한 밭담, 마을 공동 목장의 잣성과 캣담, 해안가 공동 어장인 원담, 줌녀(해녀) 탈의장인 불턱, 옛 군사 방어용이었던 진성(鎭城)과 환해장성이 해안가를 중심으로 곳곳에 남아 있고, 신의 집인 본향당(本鄕堂)도 돌담으로 지켜졌다. 사자를 위한 돌담으로는 들녘이나 밭머리에 쌓은 산담이 있다. 산담은 비록 영혼의 집이지만 살아 있는 사람의 집처럼 사각의 울타리를 두르고 망주석과 석상을 세워 영혼의 집임을 표시했다.

돌담은 분명 민중문화의 산물이다. 민중의 손으로 탄생한 돌담의 축조된 배경은 크게 자발적으로 쌓은 돌담과 강제로 쌓은 돌담으로 구분할 수 있다. 즉, 자발적인 돌담에는 민중 스스로 개인과 공동체의 필요에 의해서 축조된 돌담이 있고, 강제의 돌담은 외세에 대비하거나 해양 교통, 목축을 위해서 관주도에 의해 쌓은 돌담을 말한다. 이제 돌담은 삶과 죽음을 아우르는 제주의 독특한 문화가 되었고, 그 가치가 새롭게 부각되고 있다.

세부적으로 돌담의 기능은 일곱 가지로 정리할 수 있다. 경작지의 돌 처리, 소유권의 경계 표시, 마소로부터 농작물 보호, 방풍(防風), 마을의 보호, 짐승이나 물고기를 가둠, 무덤의 보호 등이다.

생활 속의 돌담

돌담의 역사

돌담의 기원과 역사

제주 돌담의 기원은 언제부터일까? 기록은 없지만 출토된 고고학 증거들은 기록의 시대를 훨씬 앞질러 나타나고 있다. 사람들이 주거지를 만들어 마을을 이루어 살고, 곡식을 재배하거나 가축을 기르고 우물을 파면서 돌담을 쌓았다. 주거지는 바람을 막으려고 하단부에 돌로 쌓았을 것이고, 마을 가까이 곡식을 키우기 위해 최소한의 돌담으로 바람을 막았을 것이다. 소나 돼지를 키우려면 돌담을 쌓아 관리해야 했고, 시신을 보호하려면 석곽을 만들어야 했다.

제주의 청동기 시대 유적에서 현무암 잡석으로 된 석곽 유적이 보인다. 또 원삼국 시대 삼양동 유적에서는 약 230개의 대규모 주거지가 발견된 것으로 보아, 마을의 길이나 마을 주변 경작지에 바람막이 돌담을 쌓았을 것이다. 탐라국 시대에 해당하는 제주시 애월읍 금성리 유적에서는 석축 시설이 발굴되었고, 제주시 외도동에서는 주변 몽돌을 이용한 석축 시설과 우물을 쌓기도 했다. 생산적 조건은 시대의 사회상을 만들면서 스스로 풍토와 어우러진다. 따라서 돌담은 보다 나은 삶을 갈구하는 사람들을 위해서 농업, 어로, 목축업의 생산력을 높이는 데 이바지했다.

현재 전해 오는 사서를 중심으로 돌담이 어떻게 옛사람들의 눈에 비쳤는지 살펴보는 것은 의미 있는 일이다. 전해 오는 사서(史書)에서 돌담과 관련된 가장 오래된 기록은 중국 송나라 왕부(王溥)가 편찬한 『당회요(唐會要)』 「탐라국(耽羅國)조」의 기록이 아닌가 싶다.

탐라… 그들의 집은 둥글게 돌담을 둘러서 풀로 덮었다(耽羅…其屋宇 爲圓牆 以草蓋之).

옛 제주의 초가와 돌담의 모습이 눈에 선하다. 『당회요』에 묘사된

돌담 쌓는 석공

삼국 시대 제주를 말한다면 왕의 이름은 유리도라(儒李都羅)이고, 사람들은 다섯 부락으로 나뉘어 살았으며, 바람 때문에 초가 주변에 돌로 둥글게 담장을 둘렀다. 인구는 약 8000명 정도였다. 활, 칼, 방패, 창 등의 무기를 사용하면서 문기(文記)는 없고 오로지 귀신을 섬기고 있었다. 당시 탐라는 백제의 지배 아래 있었고, 용삭(龍朔 : 당나라 연호) 원년(신라 문무왕 1년, 661)에 당나라에 사신을 보내기도 했다. 이 기록으로 미루어 이미 7C 이전에 제주의 민가에 돌담을 둘렀다는 사실을 알 수 있다.

또 송나라 구양수가 편찬한 『신당서(新唐書)』의 기록을 참고하면 7C 제주인들의 생생한 삶의 모습이 되살아난다. 당시 제주인들은 개와 돼지를 키워서 고기를 먹은 후 그 가죽으로 옷을 해 입었다. 여름에는 초가에 살다가 추운 겨울이 되면 자연 동굴에서 기거를 했다. 오곡이 나지만 소로 밭 갈 줄을 몰라 따비로 땅을 파 농사를 지었다. 후에 백제의 지배에서 다시 신라의 지배로 바뀌기도 했다.

고려 때 돌담과 관련해서는 지포 김구(1211~1278)가 약 5년간 제주 판관으로 있을 때 밭담을 쌓아 경계를 분명히 하여 백성을 이롭게 했다는 『신증동국여지승람(新增東國輿地勝覽)』「풍속(風俗)조」의 기록은, 제주 밭담의 제도적인 시원(始原)을 아는 데 중요한 사료가 되고 있다. 특히 이 사료에서 중요한 기록은 제주 돌담에 관한 내용들인데,「토산(土産)조」에도 제주의 열아홉 곳의 과원(果園)에 돌담을 쌓았다는 것이다. 고려 시대부터 귤을 진공하기 위해 마련된 제주의 과수원들이 모두 귤나무를 보호하기 위해 방풍(防風)용 돌담을 쌓은 것이다. 또 같은 사료 「제영(題詠)조」에는 가을 귤과 어우러진 제주 돌담

돌담과 귤나무

의 모습을 보고 지은 시가 전해 온다. 그 시에는 육지인이 나그네가
되어 제주에 오니 제주의 경치는 아름답지만 문화적인 소통의 어려
움을 염려하는 모습이 역력하다.

> 물나라의 갈대는 운몽(雲夢)의 저녁이요,
> 산성의 귤과 유자는 동정(洞庭)의 가을이로다.
> 돌담 판자집에 사는 백성은 궁벽하고
> 다른 옷 다른 말씨는 나그네의 근심일세.

『조선왕조실록(朝鮮王朝實錄)』 세종 11년(1429) 8월 26일조에, 체계적으로 제주의 말 목장을 관리하기 위해 축장(築墻)한 기록이 나온다. 제주 출신 상호군(上護君) 고득종(高得宗, 1388‑1460)은 한라산 변두리에 약 4식(1息程 : 30리, 1리 : 약 400m)의 크기로 공(公)·사(私)의 말을 가리지 않고 방목할 수 있는 목장용 돌담을 쌓았다. 그러나 목장이 조성된 지 약 5년 뒤 한정된 목장에 말의 숫자가 늘어나면서 목초지가 부족하여 말들이 잘 자라지 못하자 목장의 돌담을 헐어 목장을 더욱 확대하였다. 또 목장을 끼고 농민들이 밭을 경작하게 되면 말에 의한 곡식 피해를 막기 위해 농민 스스로 밭머리에 돌담을 쌓도록 했다.

충암(沖庵) 김정(金淨, 1486~1521)이 조광조와 연루돼 제주로 유배와서 지은 『풍토기(風土記)』에 돌담에 대한 인상이 생생하다.

집 둘레는 돌담인데 곱지 않은 돌을 쌓아올려 높이가 열 자 남짓하고

제주의 전통 초가

그 위에 사슴뿔 같은 나무를 짜서 돌담 위에 얽어 세워 놓고 출입을 못하도록 설치했으나 처마에 겨우 반 필이나 높다. …그러나 돌담이 높고 좁은 것은 여기 토속이다. 그리하여 강풍과 몰아치는 눈을 막는다.

충암이 본 돌담은 소위 '곰보돌'이라고 부르는 검은빛의 현무암 자연석으로 쌓았기 때문에 유배인의 눈에도 곱지 않게 보였을 것이다. 죄인인 충암이 사는 집의 돌담에는 위리안치(圍籬安置)를 위해 가시가 돋은 탱자나무를 얹어 밖의 시선을 막고 있었는데, 그는 돌담이 높고 올레가 좁은 것이 거센 바람 때문이라는 것을 감각으로 알고 있었다.

백호(白湖) 임제(林悌, 1549~1587)는 1577년(선조 10) 과거에 급제하여 당시 제주 목사였던 아버지 임진(林晉)을 배알한 후, 약 5개월 동안(1577년 11월 3일~1578년 3월) 제주를 유람하였다. 이때 쓴 책이 『남명소승(南冥小乘)』인데, 당시 조선의 문인들에게 유명했던 견문록이다. 이 책은 16C 제주의 풍광과 습속을 잘 묘사하여 제주 정보의 길잡이가 되었으며, 당시 지식인들의 궁금증을 풀어 준 여행기의 고전에 속한다. 백호가 본 제주의 돌담은 이렇다.

산에는 돌아다니는 짐승이 있고, 들에는 기르는 짐승이 있어 천 마리, 백 마리가 무리지어 다니기 때문에 밭을 벌어먹으려면 반드시 돌담을 둘러쌓으며, 사람이 사는 집 또한 으레 돌을 쌓아 높다란 담장을 만들기 때문에 돌담으로 골목을 이룬다.

선조 34년(1601), 길운절 역모사건을 조사하고 섬사람들을 위무하

기 위해 제주에 어사로 왔던 청음(淸陰) 김상헌(金尙憲)은 『남사록(南
槎錄)』에 돌 많은 섬 땅의 황량함을 기록하였다.

밭 사면에는 잔돌을 모아 돌담을 쌓아서 목장의 말이 들어가는 것을
막았으며, 땅은 평탄하지 않고 구릉이 여기저기 있고, 천석(泉石)의 아
름다운 흥취가 통 없어 눈에 띄는 것은 다 무디고 거친 돌뿐이다.

숙종 때 제주 목사 이형상(李衡祥, 1653~1733)이 지은 『남환박물(南
宦博物)』에 돌담 관련 기록이 있는데, 당시 제주의 『지지(地誌)』에 김
구 판관의 이야기가 나온다는 사실이 흥미롭다.

돌을 모아 담을 쌓는다. "『지지(地誌)』에, 예로부터 밭두렁이 없어서,
몹시 우악스럽고 사나운 사람이 남의 땅을 한데 아울러서 제 것으로 만
들어 버린다. 김구가 판관이 되었을 때 제주 각지에 영(令)을 내려 말을
쌓게 하니, 백성들이 모두 그것을 편히 여겼다. 지금은 밭두둑과 집 옆
에도 모두 각기 담을 쌓았으니, 다만 밭 경계를 정한 것일 뿐 아니라 목
장의 말을 막는 것이다."라고 하였다.

숙종 때 제주 목사로 재직(1706~1709)했던 이규성(李奎成)은 탐라
지도를 그린 후 지도 상단과 하단에 '탐라지도병서(耽羅地圖竝書)'를
명기하였는데, 그 글에 밭담과 잣성, 캣담(목장의 울타리)을 쌓은 이유
를 설명하고 있다.

돌담 천국인 제주도

　토인(제주인 : 필자)이 소와 말을 많이 키우고 있는 것은 생계를 위한 자원이다. 들과 산에 자갈이 많아서 산전(山田)에 돌을 쌓아 담을 두름으로써 경계를 정하고 밭의 피해를 막으니, 곳곳에 돌담이 성행하게 되었다.

　영조 때 의금부도사 직책으로 제주에 45일간 머물렀던 석북(石北) 신광수(申光洙, 1713~1775)의 시에 말 때문에 밭에 돌담을 쌓았다는 구절이 있다.

　물 허벅을 지고서도 편안한 마을 처녀(瓶籠負水夷村女)

돌담을 밭에 쌓아 말 키우는 집(石柵堆田馬戶家)

이원조(李源祚)가 제주 목사로 재직할 때(1841~1843) 그림을 잘 그리는 제주의 선비 고경욱(高敬旭)에게 〈탐라지도병지(耽羅地圖幷識)〉를 그리게 하여 상단과 하단에 제주의 역사, 지리, 풍물을 기록하였다. 그 기록에 가축 때문에 돌담을 쌓은 이유, 돌이 흙보다 많아서 언제라도 마음만 먹으면 필요에 따라 다시 돌담을 쌓을 수 있다는 개인적인 견해를 밝히고 있다.

이 지방 토착민(土民)들은 대다수가 목축에 생계를 의존하기 때문에 소와 말 떼가 만산편야(滿山遍野)로 이어져 있어 밭〔田土〕은 돌로 담을 쌓아 경계를 명시할 뿐만 아니라 가축들의 침해도 막을 수 있게 했다. 이와 같은 연유로 곳곳에 돌담이 잇달아 있고, 또 언제나 필요에 따라 돌담을 쌓는데, 이는 돌이 흙보다 흔하다는 것을 의미하는 것이다.

들녘이건 마을이건 고스란히 남아 있는 돌담을 보노라면 감탄사가 절로 나온다. 그만큼 돌담에서 제주의 자연미나 삶의 흔적, 마을의 연륜을 읽을 수가 있어서 좋다.

모든 문화도 문명의 발전 과정에서 서로 교호하며 조금씩 변해 간다. 순전히 돌로만 쌓던 돌담도 다시 시대의 기술적 발명과 만나게 되면서 다른 모습도 등장했다. 일제 강점기 때 건설된 방파제나 건물을 보면 돌담과 시멘트의 혼용을 쉽게 찾을 수 있는데, 견고함과 편리함을 원했기 때문이다.

우리나라에 시멘트가 처음 등장한 것은 1919년으로, 일본의 오노타시멘트 회사가 평양 인근의 송호리에 연간 30만 톤 규모의 건식 시멘트 공장을 건설하면서부터다. 이후 6개 공장이 더 건설돼 제2차 세계대전이 끝날 때까지 시멘트 총생산량은 연간 170만 톤에 달했다. 일본의 시멘트 생산량의 증가는 식민지 지배를 위한 도로, 철도, 항만 건설이 급증했기 때문이다. 지금도 제주도 전 지역에는 일제 강점기에 건설된 시멘트와 돌을 결합한 시공 모습을 쉽게 볼 수 있다. 서귀포시 모슬포에 일제 강점기에 만들어진 축항의 원형이 상당 부분 남아 있고, 현재의 항만 공사도 그것을 기초로 해서 추가 확장 공사를 한 것이다.

1970년대 새마을운동은 제주 돌담·축담에 대대적인 변화를 일으

시멘트를 바른 돌담집

컸다. 해안 마을은 겨울 북서풍의 강한 바람을 분산시키려는 목적으로 작은 골목을 만들었다. 1980년대 이후 신축한 콘크리트 집의 몇몇 시멘트 블록 담을 빼고는 맨돌담이거나 돌담에 시멘트를 섞어 바른 골목들이다. 적어도 맨돌담인 경우 1970년대 이전 것이고, 시멘트 바른 돌담은 새마을운동 이후 기존 돌담에 시멘트를 발랐거나 새로 돌담을 쌓으면서 시멘트를 바른 것이다.

시멘트를 바른 돌담도 종류가 많다. 먼저 돌담을 쌓은 후 돌담의 효율성을 높이기 위해 시멘트를 아끼고자 구멍만을 막은 돌담이 있

시멘트를 혼합해 쌓은 다양한 돌담

다. 그리고 어떤 돌담은 2m 정도 자연석 돌담을 그냥 유지하면서 사이사이에 시멘트로 테두리를 해놓은 돌담이 있는가 하면, 어떤 돌담은 돌담에 시멘트를 바르고 마르기 전의 시멘트를 나뭇잎 모양으로 제거하여 장식해 놓은 돌담이 있다. 이 돌담은 분명 미장이의 미의식이 가미된 돌담이다. 또 돌을 가운데만 보이게 하고 시멘트를 바른 위에 가는 선으로 드로잉하듯 한 모양의 돌담도 있다. 돌담과 시멘트를 가지고 아주 단정하게 만든 돌담도 있다. 집 축담에 돌담을 잘 다듬어 쌓은 후 시멘트를 약 2cm 정도 돌출하여 직사각형의 선을 내기도 했다.

새마을운동이 있은 지 40여 년이 지나면서 하루가 다르게 돌담이 사라지다 보니, 시멘트와 혼용한 돌담도 어느덧 정감 어린 제주식 돌담이 되어 버렸다. 시대가 만들어 낸 것을 어찌할 수 없는 것이 문화라면, 아쉽지만 그것도 제주의 문화 경관으로 인정해야만 한다.

돌담의 기능

돌담의 역사 기록을 종합해 볼 때 돌담은 적어도 바람을 막아 주고, 경계를 획정하며, 기르는 동물을 보호하고, 섬의 각박한 살림을 키워 주는 일종의 경제적 생산 장치라고 할 수 있다. 그렇지만 세부적으로 살펴보면, 돌담은 주거·농경·목축·어로·방어 등 목적에 따라 기능과 역할이 다양하다는 것을 알 수 있다.

'집담(축담)'은 무거운 돌로 단단히 쌓은 후 진흙으로 양쪽 구멍을 막아 태풍을 견디게 했다. '올레담'은 대개 바람을 완화시킬 수 있도록 방위, 지형, 높이를 의식하여 곡선 구조이 올레(골목)를 만든 후 강한 바람으로부터 집을 보호하기 위해 바람이 불어오는 쪽은 높게, 햇볕이 드는 쪽은 낮게 쌓은 돌담이다. '잣성'과 '캣담'은 방목한 마소들이 다른 지역 목장이나 농경지, 산악 지대 같은 곳으로 넘어가지 못하도록 막는 역할을 한다. '바령팟담'은 방목장 인근에 마소 똥을 모으는 장소로, 밤이면 마소를 몰아넣어 거름을 생산하기 위해 쌓은 돌담이다. '통싯(돗통 : 화장실)담'은 인분(人糞)을 처리하고 고기와 거름을 마련하기 위해 돼지를 가둔 돌담이다. '환해장성'은 본래 외부의 적을 막기 위해 축조되었으나 태풍 시 파도를 막는 역할도 병행하는 공공의 돌담이다. '읍성'은 백성을 외세로부터 지켜 주는 동시에 백성들이 성 밖으로 나가지 못하도록 통제하는 돌담이다. '포구'는 바다에서 밀

해안의 파도를 막아 주는 돌담

려오는 파도로부터 배를 보호하는 돌담이다. '원담'은 소규모 마을 공동체에 의해 만들어지고, 필요에 따라 개개인이 고기를 잡을 수 있도록 한 돌담이다. '산담'은 마소의 침입이나 화입(火入)으로부터 무덤을 보호하고자 쌓은 돌담이다.

종합적으로 볼 때, 돌담은 산업·환경·목적·장소·형태에 따라 다양한 의미와 복합적인 역할이 있다. 일반적으로 밭의 돌을 처리하고 소유권 경계를 긋고, 마소로부터 농작물을 보호하고 바람을 막거나 동물을 기르거나 잡기 위한 가둠〔圇圍〕의 기능이 있다.

농업과 밭담

밭담은 제주 섬사람들에게 생활 그 자체이다. 밭담은 그 흔하디흔

바람을 막는 밭담

한 검은 돌, 자주 발길에 차이는 돌로 쌓은 돌담이다. 이는 밭과 밭, 밭과 길, 밭과 목장을 구분하기 위한 것이다.

연륙설(連陸說)에 의하면, 제주도는 원래 구석기 시대에 지금의 중국 대륙 및 한반도와 이어진 육지였다. 대륙과 분리되면서 제주가 섬이 된 이후 사람이 살기 시작한 흔적을 알 수 있는 유적은 제주도 고산리 유적이다. 고산리 유적은 약 1만 년의 역사를 가지고 있다. 이후 청동기와 초기 철기 시대에 해당하는 상모리 유적, 그리고 용담동 무덤 유적 지역에는 소규모 일정 집단이 살기도 했다.

철제 농기구의 사용은 밭을 개간하는 데, 그리고 돌담을 캐어 밭담을 쌓는 데도 영향을 미쳤다. 청동기 시대나 탐라국 시대의 석축이나 석곽을 쌓은 돌들을 보면 철제 도구가 귀해서 그런지 현무암, 혹은 조면암 몽돌이나 굴러다니는 자연석을 그대로 사용하고 있다. 특히 빌레 암반은 철제 도구가 없으면 캐기가 불가능하다. 농경은 문명화 정도에 비례하여 나무 도구에서 쇠를 병행한 나무 도구, 철제 도구로 발전했다. 철제 도구의 효용성은 경작지의 확대와 생산력의 발전을 필연적으로 동반했다.

『신증동국여지승람(新增東國輿地勝覽)』에 의하면, 고려 시대 제주에서 나는 곡식을 유추할 수 있는데, 벼는 나지 않고 오직 보리·콩·조가 날 뿐이었다. 그나마 집집마다 목축을 병행하여 수백 마리 마소가 떼를 이룬다. 마소가 많다 보니 좋은 가죽이 많이 생산되었다. 궁벽한 토지에 부족한 농사는 마소에 의한 피해도 많았고, 지방 토호들의 욕심이 커 민중의 피해가 심했다.

밭은 돌담에 의지하여 지속적으로 변화를 겪었다. 밭이 확대되고 농작물의 종자가 다양해졌다. 제주의 밭들은 흙이 검고 부풀어 오르는 화산회토라서 소위 뜬 땅이었다. 이런 풍토에서 17C에는 벼·기장·콩·팥·녹두·보리·밀·메밀 등, 18C 초에는 기장·피·산도·차조·콩·보리·메밀·사탕수수가 재배되었다.

조선 후기 이형상은 제주 목사로 부임(1702년 6월)하여 처음 삼〔麻〕을 심게 하였고, 대정현에만 심던 목화〔棉〕를 정의현까지 확대하여 심도록 권장했다.

제주의 돌담 중 가장 많이 차지하는 것은 밭담이다. 밭의 크기와 거리, 바람의 세기에 비례하여 밭담의 길이와 높이가 결정된다.

밭담의 기능

일반적인 돌담보다 농업 경제적인 생산 활동의 중심에 있는 밭담은 기능과 역할에 있어서 다른 돌담보다 확대된다. 다른 돌담들은 주거, 경계, 방풍, 어로, 보호, 가둠〔圖圍〕의 역할이 있으나 밭담은 경작지의 돌 처리를 위한 일차적 목적과 목장의 가축이나 아침저녁으로 마을을 오가는 방목하는 가축으로부터 농작물을 보호하는 역할이 포함된다. 따라서 돌담의 역할과 기능을 세부적으로 정리하면 네 가지로 정리할 수 있다.

경작지의 돌 처리

제주는 지역에 따라서 50cm~1m 아래에는 거의 암반이다. 한라산 북쪽 지역인 김녕·동복·월정·행원 지역은 용암이 흐르다 멈춘 투

강한 바닷바람을 막아 주는 방풍 기능의 밭담

물러스 지대가 많다. 그래서 이곳의 밭들은 밭을 만들기 위해 돌을 떼어 내 그 돌로 밭담을 쌓았다. 계속 개간하면서 돌을 파내다 보니 돌이 너무 많아 밭담으로만 처리하기가 어렵게 되자, 밭 구석에 차곡차곡 돌을 쌓아 돌벽을 만들었다. 이 돌벽을 '잣벡'이라고 한다. 그래도 돌을 다 처리하지 못하면 밭 여기저기에 돌탑처럼 쌓아 올린다. 이것을 '머들', 또는 '머돌'이라고 한다.

또 안쪽의 밭을 위해서 농로를 만들고 '도'를 낸다. '도'란 밭의 출입구인데, 농로는 제주 민가의 올레와 같이 가지처럼 연결되는 방식으로 길을 낸다. 만일 도가 없을 때는 밭과 밭 사이에 잔돌을 넣어 쌓은 '잣벡' 위로 평평하게 길을 만들고 오가는데, 이를 '잣질'이라고 부

밭의 입구 '도'

른다. 즉 밭에서 나온 돌들을 먼 거리까지 운반하기도 곤란하여 잣벡이 만들어졌고, 그 위로 걸어다니는 잣질이 생긴 것이다.

소유권의 경계 표시

판관 김구가 제도적인 장치를 마련하기 전, 제주의 밭은 암반 지대를 비껴 가며 작은 밭들을 일구고 있었을 것이다. 특히 쇠가 나지 않는 암반 지대인 제주에서 농기구도 제대로 없이 큰 밭을 일구기란 불가능했다. 그렇기 때문에 자연적인 지형에 의존하여 변변치 않은 농기구를 가진 인력으로 밭을 만들었다. 지금도 노출된 암반 사이사이에 작은 밭뙈기들을 흔히 볼 수 있는데, 이는 밭의 '시원(始原) 형태'라고 할 수 있다. 이 작은 밭을 '도르겡이' 혹은 '돌렝이'라고 부른다.

아무튼 밭담이 소유권 경계 표시의 유래가 된 것은 판관 김구에 의해서다. 고려 시대 백성들이 암반 사이사이를 일궈 만든 밭들을 권세가들이 함부로 빼앗아 가니, 백성들을 보호하기 위해서 김구가 소유권의 경계를 획정함으로써 밭담의 경계가 분명해졌다. 사실상 대를 이어서 밭을 경작하다 보면 매매, 상속의 과정에서 소유권이 바뀌기 때문에 전답(田畓) 문서를 만들어 소유권을 표시하게 된 것이다.

조선 시대에 와서 토지의 매매가 공식적으로 허용된 것은 세종 6년(1424)부터였다. 이와 관련하여 『경국대전(經國大典)』「호전(戶典) 매매한(賣買限)조」에는 "토지와 가옥의 매매는 15일을 기한으로 변경하지 못하며, 100일 이내에 관에 신고하여 입안(立案)을 받는다."라고 명시하고 있다.

경계를 이루는 밭담

마소의 침입으로부터 농작물 보호

목장은 옛날에 주로 마을 위 한라산 방향으로 국영 목장과 사영 목장(김만일)이 있었고, 일제 강점기에는 마을의 공동 목장이 조성돼 마소가 언제라도 밭에 침입해 농작물을 먹어 버렸다. 특히 제주에 목장이 확대되면서 마소로부터 농작물 피해를 줄이기 위해서 농민들이 밭담을 쌓았다.

실제로 밭담의 모양을 보면, 바다 가까이에 올수록 바다 해풍을 막기 위해 높아지고, 마을 뒤 중간 지대로 갈수록 밭담의 높이는 낮아진다. 또 마소가 다니는 길과 마을 공동 방목장 주변의 밭담은 다른 곳보다 높이가 높다. 그 이유는 마을에서 말이나 번쇠들이 목장으로 향할 때 순간순간 목을 내밀어 곡식을 뜯어먹는 것을 방지하고, 마소들이 목장 가까이에 있는 밭담을 헐어 곡식을 훔쳐 먹는 것을 방지하기 위해서이다.

마소의 침입을 막아 농작물을 보호하기 위한 돌담

바람을 막는 역할, 방풍(防風)

제주는 해안에서 한라산까지 바다에서부터 오르막의 경사가 계속 이어져 있어서 계절풍의 영향으로 바람이 매우 세다. 그래서 예로부터 밭의 흙이 바람에 날리지 않도록 돌담을 쌓았다. 바람이 불어오는 북쪽 돌담은 높게 쌓고, 햇볕이 잘 드는 남쪽 돌담은 조금 낮게 쌓았다. 또 뿌려 놓은 씨앗이 바람에 날리지 않도록 말무리로 밭을 밟거나 '돌테'로 밭을 다져야 했다. 특히 좁씨를 뿌린 경우, 여러 마리의 말로 밭을 밟는 '답전(踏田)'이 성행했다.

또 비가 오지 않고 바람이 세면 밭에 흙이 날리고 습기를 머금지 못해 금방 가뭄이 들어 밭의 물기가 말라 버린다. 이런 이유로 인해 밭에 자갈을 그냥 두어 그 자갈이 흙을 눌러 물기를 보존하게 한다.

물기가 마르지 않게 자갈을 그대로 둔 작지왓

이런 자갈을 '지름작지(기름자갈)'라고 하는데, 지름작지는 가뭄이 심한 척박한 환경을 염두에 둔 삶의 지혜라고 할 수 있다.

밭담의 시원, 판관 김구

오늘날 우리 앞에 장대하게 펼쳐진 밭담은 하루 이틀에 이루어진 역사(役事)가 아니라 약 780년의 세월 동안 이룩한 땀과 눈물의 상징이다. 다시 말해 밭담은 제주인들의 노동의 기념비이자 생산을 위한 처절한 몸부림의 역사적 증거라고 할 수 있다.

기록상 제주 밭담 쌓기의 기원은 지포(止浦) 김구(金坵, 1211~1278)에 의해서이다. 『신증동국여지승람(新增東國輿地勝覽)』과 이원진(李元鎭, 1594~?)의 『탐라지(耽羅志)』에 그 기록이 있다.

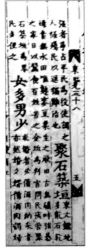

『신증동국여지승람』의 기록   이원진의 『탐라지』 기록

취석축원(聚石築垣 : 돌을 모아 담을 쌓았다.) 동문감(東文鑑)에, (제주)밭이 예전에는 경계의 둑이 없어 강하고 사나운 집에서 날마다 차츰 차츰 먹어들어 가므로 백성들이 괴롭게 여겼다. 김구가 판관이 돼 주민의 고통을 물어서 돌을 모아 담을 쌓아 경계를 만드니 주민이 편하게 여겼다.

『고려사』에는 지포 김구가 살던 시대의 인구를 유추할 수 있는 기록이 전한다. 1273년(원종 15) 중서성의 지시에 의해서 "군량과 군마의 사료를 제주의 백성 1만 223명에게도 모두 공급했다."고 하여 당시 제주 인구가 1만 223이라는 것을 알 수 있다.

문제는 김구의 기록에 등장하는 '강하고 사나운 집'이 누구냐는 것이다. 공교롭게도 그 해답은 『신증동국여지승람(新增東國輿地勝覽)』의 정이오(鄭以吾)가 박덕공(朴德恭)을 보내어 부임하는 서(序)에서 암시되고 있다.

그 (제주) 풍속이 야만이고, 거리가 먼 데다가 성주(星主)·왕자(王子)·토호(土豪)의 강한 자가 다투어 평민을 차지하고, 사역(使役)을 시켜 그것을 인록(人祿)이라 하여 백성을 학대하고 욕심을 채우니 다스리기 어렵다고 소문이 났다.

성주(星主)·왕자(王子)·토호(土豪) 들이 평민에게 사역을 시켜 얻은 이익을 '녹봉(祿俸)'으로 여긴다는 말은 제주를 다스리거나 그것에 동조하는 지방 권력자가 아니면 취할 수 없는 일이다. 즉, 김구가 제주 판관으로 있을 당시, 제주는 중앙 권력과 상관없이 제주민은 토착 지배 세력에게 고통을 받고 있었으며, 그것은 이중고(二重苦)라는 현상으로 나타났다. 제주민은 성주(星主)가 조공하는 말·귤·해산물·가죽 등의 방물(方物)을 공급해야 했고, 또 그 지배 세력에게 노동력을 착취당하고 세금을 내야 했으며, 애써 개간한 경작지를 빼앗기는 고통도 겪어야 했다.

유배인 충암(沖庵) 김정(金淨, 1486~1521)의 『제주풍토록(濟州風土錄)』에는 제주 성주(星主)에 대한 흥미로운 언급이 나온다.

지방 사람은 …인심이 거칠어 위로는 품계를 가진 벼슬아치로부터 아래로는 미약한 사람에 이르기까지 모두 지위 높은 귀인(貴人)과 서로 사귀어 불자(佛者)가 아닌 사람이 없다. 그 중에서도 세력이 있는 사람은 진무(鎭撫) 되기를 구하고(지방 사람들은 성주로부터의 유풍(流風)이 그러하니 이상히 여기지 않는다.), 다음 사람은 여수(旅帥) 되기를 구하고, 그 다음 사람들은 서원(書員)이나(이하 품관은 아님.) 지인(持印), 공생(평민 등 향리)이라도 되려고 날마다 옭아 빼앗아 이익만을 일삼으며 털 끝만한 작은 일에라도 다 뇌물을 보내니, 염치와 정의가 무엇인지를 알지 못한다. 강한 자는 약한 자를 누르고, 거칠고 사나운 자는 어진 사람을 겁탈함에 군시(君示)가 내리지 않았다. 이런 고로 관원이 탐악함이 길에서 날뛰는 무리와 같다. 그러나 누구 하나 이상하게 여기지 않는다.

충암은 제주인들이 벼슬아치의 지위를 막론하고 지위 높은 귀인을 사귀면서 불교도가 아닌 사람이 없으며, 벼슬을 구하는 것이 '성주

(星主)로부터의 유풍(流風)'이라는 것을 당연하게 생각하고 있다는 것이다. 지방관원이 되면 그 지위에 맞는 권세를 누릴 수 있고, 그 탐욕스러움이 길에서 날뛰는 강도의 무리와 같다고 했다. 충암의 기록에 의해 고려 시대부터 약한 백성을 강탈하는 것이 그대로 조선에 계승되고 있다는 것을 알 수 있다.

사실 제주의 실정이 이럴진대, 김구 판관이 밭담을 쌓고 소유권을 분명히 한 조치는 중앙 관리로서 지방 토호들에게 미움을 사는 행동임에 분명했다. 대개의 중앙 관리들이 지방 토호들과 밀착돼 기회가 있을 때마다 가렴주구를 일삼는 것과는 달리, 김구는 오히려 소신 있는 판단으로 제주 백성을 도운 것이야말로 중앙 관리로서는 드물게 의기(義氣) 있는 모습을 보였다고 할 수 있다. 이에 석주명(石宙明, 1908~1950)은 "후세에 와서 돌담의 효용을 생각하면 김구는 제주도의 은인"이라고 칭송했다.

김구의 자는 차산(次山), 초명(初名)은 백일(百鎰)이었다가 구(坵)로 고쳤다. 호는 지포(止浦), 본관은 부령(扶寧), 지금의 부안(扶安) 지방이다. 김구가 급제한 후 제주 판관으로 나아간 나이는 24세(1234), 제주 판관의 임기를 마친 나이는 29세(1239)로, 약 5년 동안 제주 판관을 지냈다. 제주의 밭담은 김구가 제주 판관으로 있을 때, 그의 판결에 의해 쌓기 시작

『지포집』 제주 성주를 보내는 고주표

하여 약 780년의 세월이 흐른 것이다.

오늘날까지도 지포 김구는 제주인의 마음에 살아 숨쉬고 있다. 제주시 삼양동 제주민속박물관 뜰에는 지포 김구 판관을 기리는 공적비가 세워져 있다. 이 공적비는 제주민속박물관 진성기 관장이 기획하여 '돌 문화의 은인 판관 김구 선생 공적비'라는 이름으로 1991년 6월 29일 건립하였는데, 부령 김씨 대종회의 후원으로 세워졌다.

돌담의 암질과 종류

돌담의 암질

담돌의 종류

돌담을 쌓는 돌을 통틀어 '담돌'이라고 한다. '담돌'은 돌담을 쌓는 개개의 돌을 말한다. 현무암을 일러 '곰보돌'이라고도 하는데, 화산폭발 시 흐르는 용암에 가스 함유량이 많아 산소를 만나면서 기포가 마치 곰보처럼 작은 구멍들이 쏙쏙 생겼기 때문이다.

돌담의 재료는 산지(山地)마다 다르지만 그래도 가장 흔한 돌담이 이 곰보(현무암) 돌담이다. 그렇다면 제주의 들녘에 종횡으로 줄줄이 쌓은 돌담의 재료는 어디서 어떻게 구한 것일까?

돌담의 재료는 크게 현무암 담돌과 조면암 담돌로 구분할 수 있다. 현무암 담돌에는 빌렛돌과 곳돌, 작지(자갈)로 다시 나뉜다. 빌렛돌은 파호이호이, 프렛서리, 투물러스 등에서 자연적으로 떼인 돌이거나 인공적으로 캔 담돌이며, 곳돌은 아아 용암의 담돌이다. 또 조면암 담돌은 산지에서 자연적으로 이탈돼 굴러 내려온 돌, 비석돌을 캐기 위해 깬 돌, 경작 때 땅속에서 일궈 낸 돌들이다. 지역이나 마을에 따라 이 돌들을 활용한 돌담이 다양하다. 해안가나 냇가의 돌은 파도나 급한 물살에 굴러서 둥근 모양을 띨 뿐 현무암과 조면암을 벗어난 것은 아니다.

돌담은 지역에 따라 모양도 다르지만 빌레가 발달한 지역일수록 발달해 있다. 왜냐하면 파호이호이 용암의 특성이 거북등 같은 절리층이 있어서 분리하기가 쉽고 다각(多角)의 모양을 가지고 있기 때문에 돌담 쌓기가 수월하고, 돌끼리 서로 잘 물려져 센 바람에도 무너지지 않고 견고하다. 먼저, 1950m 한라산을 편의상 수직으로 상·중·하 3등분하게 되면 제주의 담돌 분포를 쉽게 이해할 수 있다. 상단 지역(해발 600m)이상은 산악 지대와 한라산 정상부인데, 암벽이 많고 그 암벽에서 이탈돼 구르는 돌들이 자연 상태로 남아 있으며 숲이 많은 지역에 속한다. 이 지역은 간혹 4·3 사건 때 난리를 피해 숨어 살았던 비트용 돌담들이 군데군데 남아 있다.

중간 지역(해발 200~600m)은 옛 목장 지대로, 상잣·중잣·하잣이라 하여 고도에 따라 가로로 가르는 목축 경계용 돌담이 있다. 과거의 10소장(所場)을 구분하고자 세로로 쌓은 오래된 캣담과 10소장 체제가 사라진 후에 마을 공동 목장을 운영하면서 마소를 기능적으로 관리하기 위해 다시 쌓은 캣담이 있다. 또 마을 공동 목장에 가까운 곳에는 바령팟이 있는 곳도 있다. 바령팟은 단지 거름만을 거둘 목적만이 아니라 악천후 시, 혹은 야간에 마소를 지키는 목적도 있다.

김녕해수욕장 빌레에서 노는 사람들

투물러스로 진행 중이던 용암

산방산 조면암류 돌담

현무암 돌담

아아 용암류 돌담

곳자왈 지대에는 아아 용암이 발달한 지역이다. 아아 용암의 담돌은 날카롭고 생긴 모양도 불규칙하게 생겨 '곶돌'이리고도 부른다. 이 곶돌은 두 가지 용도로 쓰였다. 평평한 돌은 난방용 구들돌로, 울퉁불퉁한 곶돌들은 방목된 마소를 막아 관리하기 위해 구역을 정해서 쌓은 캣담, 목장 가까운 밭담과 주변에 산담으로도 쓰였으며, 중산간 지역의 집 울타리, 밭이나 무덤, 본향당의 돌담으로 사용되었다. 곶돌의 색깔은 흑회색, 흑청색, 검붉은 색, 적황색, 황색, 청회색 등 용암의 온도에 따라 차이가 있다.

하단 지역(해발 200m 이하)은 경작지와 마을과 해안에 이르는 지역인데, 밭담이 마을을 향해 구불구불 줄을 잇고, 집담과 올레담이 서로 연결돼 독특한 문화 경관을 창출하는 곳이다. 이 하단 지역은 사실상 농경과 어로가 병행되는 삶의 중심지라고 할 수 있다.

돌담의 비중은 당연히 상·중·하 지역 가운데 하단 지역에 쏠려있다. 돌담의 경관은 적어도 마을에서 한라산을 향한 방향으로 2km 정도에 펼쳐진다.

중산간 지역에서 해안마을을 바라보게 되면 곳곳에 길게 흘렀던 검은 암반을 볼 수 있다. 물론 그 흐름은 오랜 세월 지속된 경작지 개간 때문에 중간중간 끊겨 있지만 끊긴 각도로 보아 그 검은 줄기가 바다에 이르러 멈췄다는 사실을 쉽게 유추할 수 있다.

해안에는 더는 갈 수 없었던 용암의 머리가 물에 잠겨 있다. 수많은 여(礖)들은 용암이 흐르다 부풀어 올라 터진 투물러스의 일종으로 생각하면 된다.

생빌레, 현무암 담돌의 원천

생빌레는 암반 지대를 뜻하는 제주어로 '빌레'라고도 한다. 밭이나 해안가를 자세히 보면, 이런 빌레들이 많이 분포돼 있다. 현무암질 용암은 크게 파호이호이 용암과 아아 용암으로 구분하는데, 이는 원래 폴리네시아 말이다. 폴리네시아 원주민들이 편평하고 새끼줄 구조가 잘 나타나는 용암을 파호이호이 용암으로, 클링커 층이 덮여 있는 거친 표면의 용암을 아아 용암이라고 부른 데서 기인한다. 파호이호이 용암은 제주의 빌레 암반의 모습과 같다고 하여 '빌레 용암'이라고도 부른다.

파호이호이 용암은 경작지와 해안 지대에 널리 분포돼 있으며, 아

대규모 파호이호이 용암(김녕 봉지동)

아 용암은 중산간 지대의 곳에서 쉽게 볼 수 있다. 경작지 돌담이나 해안가 주택의 월파(越波) 방지용 돌담, 혹은 포구의 우람한 돌담은 투물러스(Tumulus)나 프렛셔릿지(Pressure Ridge), 혹은 빌레의 모서리를 깨거나 자연 파쇄된 것들로 쌓은 것이다. 투물러스는 뜨거운 용암이 흐르다 용암이 모이면서 부풀어 오르다가 갑자기 내부의 가스가 분출하여 바케트처럼 터진 것이다. 용암의 겉면에 새끼줄 구조와 거북등 모양의 주상절리가 발달해 있다. 프렛셔릿지(Pressure Ridge)는 용암이 흐르는 중간에 가스가 부분적으로 새면서 그 압력으로 인해 굴곡을 이룬 형태이다.

우리의 눈에는 투물러스나 프렛셔릿지나 파호이호이 용암 모두가 생빌레로 보인다. 생빌레는 말 그대로 땅에 깊이 박힌 살아 있는 돌을 말한다. 생(生)은 '살아 있다', '생생하다'라는 뜻으로, 생이빨·생나무·생이별·생밧(한 번도 개간하지 않은 밭)의 예에서 보는 것처럼 '싱싱한 날것 그대로'라는 삶의 리얼리티가 담겨 있다.

생빌레의 돌은 석공들에게 신성시 여겨져 무덤의 상석(床石)이나 대석(臺石)을 만드는 데 먼저 쓰인다. 석공은 생빌레가 있는 밭이나 야산(野山) 주인을 찾아가 허락을 받은 후에 의례용 돌 재료를 캐서 집으로 운반하여 다듬는다. 그러나 생빌레에서는 비교적 작은 크기의 돌 재료를 구하지만 방앗돌이나 석상과 같은 큰 돌 재료는 돌산에서 캐야 한다. 제주어로 이런 돌산을 '서르릭' 혹은 '설덕'이라고 한다. 간혹 동자석 같은 석상용 재료는 바당(바다)의 빌레에서 캐지만 염분이 스며들어서 그런지 풍화에 약하다. 사실상 석공들은 흙속에 오래 묻혀 있는 밭의 생빌레를 선호하는데, 그 돌이 쌩쌩하게 살아 있

서르릭 빌레 용암 위에 갖가지 잡석들이 어지럽게 대규모로 쌓이고, 온갖 잡초가 우거진 곳을 말한다.

'돌랭이'라고 부르는 작은 밭

어서 아주 단단하기 때문이다.

생빌레가 많은 지역의 밭들은 암반을 피해서 흙 있는 중심으로 돌담을 쌓기 때문에 자유 곡선 형태의 돌담이 발달해 있다. 군데군데 빌레 때문에 이루어진 작은 밭들이 많은데, 이런 밭을 가리켜 지역에 따라 약간씩 다르지만 '드르', '들 레', '들 렝이', '드르겡이'라고 부른다. 반대로 작은 밭에 반대되는 말로 '멜진밧(큰 밭)'이 있다. 이 드르겡이의 주변 빌레를 깨면서 점차 확장한 것이 바로 멜진밧이다.

제주는 환경적으로 척박한 섬이어서 늘 식량이 부족했던 탓에 제주의 농부들은 생빌레를 일구어 좋은 밭을 만드는 것이 소원이었다. 밭은 곧 생명과 직결되는 일이기에 땅에 대한 애착은 어느 지역보다도 강했다. 밭에 빌레가 많을 경우, 석공들을 빌어서라도 돌을 깨어 밭의 모양을 바르게 만드는 것이 농부들의 목표였다.

1960년대에 석공의 일당은 보리쌀 한 말(제주식 셈으로 넉 되)이었다. 밭의 빌레를 깰 때는 경작하기 좋게 돌을 캐야 하므로 사람의 힘에 맞도록 돌을 적당히 캐는 것을 일본말로 '오아리'라고 하고, 또 캐낸 돌을 더 잘게 부수는 것을 '고아리'라고 하는데, 정확한 의미는 차이가 있지만 두 용어 모두 '나누고〔割〕 깨뜨리는〔破〕' 의미의 일본어 '와루(割る, 破る)'와 관련이 있다고 생각된다.

그렇다면 생빌레를 캐기 위해서 석공들은 어떻게 할까? 돌을 다루는 도구로는 철괴(지렛대), 물뫼(큰메, Hammer), 작은 메, 돌망치, 정, 알귀(쐬기, 알기) 등이 있다. 먼저 생빌레에서 돌을 깰 위치를 정하고, 돌절(돌결)을 보고 깰 돌 크기를 가늠한 후, 정으로 몇 개의 알귀 구멍을 판다. 알귀 구멍이 모두 파이면 알귀를 집어넣는데, 이때 그 알귀

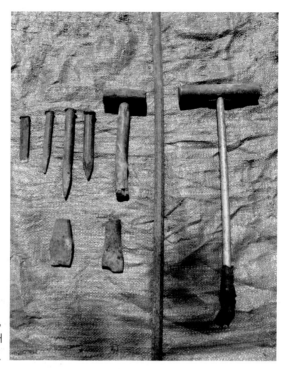

석공은 철괴, 물뫼,
정, 알귀 등을 사용해
돌을 다루었다.

사이에 두터운 천이나 튜브용 고무를 끼워 넣어 흔들거리지 않게 잘
물린다. 이는 해머(hammer)질을 할 때 알귀가 튀지 않도록 하기 위해
서이다.

"돌을 벌를(깰) 때는 사람이 다치지 않게 하는 게 제일이주. 먼저
돌절을 알아야 허는디, 돌절에는 ㄱ는절(가로결)과 지르기절(세로결)
이 있거든. ㄱ는절로 알귀를 박아야 돌을 잘 벌를 수 이서. 그 다음 뫼
질(해머)을 허는디, 알맞게 힘을 넣엉 때려야지 무턱대고 뫼질을 하다
보면 알귀가 튀어 사람이 다칠 때도 있주게(김용범, 1988)."

작지, 잣벽담의 재료

작지는 '자갈'의 제주이이다. 자길은 현무암이 삭게 파쇄(破碎)되어 풍화에 의해 둥그스름하거나 아아 용암의 거친 면이 떨어져 나와 자갈이 된 돌을 일컫는다. 준자갈(작은 자갈)과 흙은자갈(큰 자갈)이 있다. 자갈은 밭에 묻혀 있다가 노동 과정에서 노출된 것이다. 이렇게 밭에서 캐낸 자갈로 벽처럼 쌓은 돌무더기를 '잣벽'이라고 한다. 이 돌무더기가 길게 이어져 돌담을 형성한 것이 바로 잣벽담이다. 잔돌 무더기로 된 성이라고 생각하면 쉽게 이해가 간다.

작지로 쌓은 잣벽담

조면암 담돌

제주는 현무암 지대가 넓게 분포돼 있어서 돌담으로 쓰이는 조면암 산지는 몇 군데만 있다. 조면암은 강도가 약하지만 구멍이 없어 제주에서 비석돌로 인기가 있었다. 제주의 조면암 산지는 산방산(현 서귀포시 안덕면 화순리)과 영락리 돈대악(현 서귀포시 대정읍 영락리)이고, 걸세오름(현 서귀포시 신례리)이 있다. 이 세 지역은 대표적인 조면암 산지여서 주변에 캣담, 밭담 들도 모두 조면암으로 쌓았다. 제주에서 가장 대표적인 조면암 산지는 산방산이고, 산 전체가 큰 조면암 덩어리다. 지금도 산 곳곳에 돌을 캐던 알귀 자국이 그대로 남아 있어 세월의 무상함을 보여 주고 있다.

걸세오름은 주봉이 표고 158m로, 효돈천을 끼고 있는 오름이다.

조면암 담돌로 쌓은 산담

오름 서쪽 절벽에는 조면암 비석돌을 채취하던 알기 자국이 그대로 남아 있다. 산방산 조면암 비석돌이 시촌(내정헌)을 중심으로 제주시 (제주목) 서쪽까지 공급됐다면, 걸세오름 비석돌은 동촌(정의현)을 중심으로 제주시(제주목) 동쪽으로 공급되었다.

돈두악(敦頭岳)은 잘 알려지지 않은 조면암 산지로, 규모도 작다. 주변의 비문에는 오름의 지명이 '돈돌악(敦突岳)' 혹은 '돈두악(敦頭岳)'이라고 표기돼 있고, 한글로는 '돈대미', '돈두미'라고 전한다. 오름은 작은 규모로 표고 41.9m, 비고 22m 높이에 불과한데, 바다 가까이 나지막하게 누워 있어 늘 생각했던 봉긋한 오름과는 달리 큰 언덕쯤으로 보인다. 돈두악의 둘레는 1571m, 면적은 116. 242㎡로 주변 곳곳에 누르스름한 빛의 조면암 조각이 널려 있다. 돌담이나 산담 또한 조면암으로 이루어져 초록의 소나무와 흙빛의 밭에 대비돼 희게 보일 정도다.

제주의 대표적인 돌 종류는 현무암과 조면암으로 대별되는데, 풍토가 말해 주듯이 암석의 산지에 따라 돌담의 모양이나 색깔도 달라지게 된다.

바당돌과 내창돌

해안가의 돌담은 파도(바다)에 씻긴 둥근 돌과 빌레에서 떼어 내어 쌓으며, 내창(川) 가까이 있는 돌담은 급물살에 깎인 둥근 내창돌을 이용한다. 제주도의 내창은 건천으로, 비가 올 때만 흐르다가 평상시에는 물 흐름이 없이 마른 채로 있다.

곶 돌

곶은 '곶밧'이라고도 한다. 지금은 곶이 와전돼 '곶+자왈'이라고 합성돼 '곶자왈'이라고도 부른다. 곶에는 대규모로 용암석이 분포하고 있으며, 다양한 수목이 우거지고 온갖 생물종이 어울려서 사는 곳이다. 곶에서 나는 돌은 목장이나 인근 밭담으로 쓰인다. 곶돌은 면이 거칠고 생긴 것이 제멋대로여서 굴곡이 심하다. 곶돌 가운데 납작하고 평평한 돌은 온돌용 구들돌로도 사용된다.

돌담의 종류

제주 돌담은 장소, 기능, 의미에 따라 다양한 종류가 있다. 돌담을 크게 구분할 경우 장소를 강조하면 육상과 해상의 돌담으로, 쌓은 형태를 강조하면 외담·겹담·외담 겹담 혼용 형태로, 그리고 쌓는 방법으로 구분하게 되면 잡담·정석담·견치담·잣벽담·잣굽담 등으로 말할 수 있다. 역사적인 변화로 돌담을 보게 되면, 자연석 돌담과 토석담, 시멘트 혼용 돌담으로 나눌 수 있다. 돌담은 아니지만 쌓는 방식에서 잡담으로 쌓아 올린 돌탑 형태가 있는데, 거욱대(防邪塔), 머들, 칠성눌, 도대불, 후망탑(목장에서 마소를 지켜보는 망대), 연대(煙臺) 등이 있다.

또한 돌담을 기능적으로 분류하게 되면 주거·농경·목축·방어·신앙·어로·영혼 등인데, 이 경우 크게 '생활 속의 돌담'과 '사자를 위한 돌담'으로 구분할 수 있을 것이다.

진흙을 돌담에 바른 초가의 축담

주거를 위한 돌담

집담(축담)

초가를 지을 때 벽으로 쌓는 돌담을 말한다. 돌담을 쌓은 후 지붕을 만들고 내부에 짚이 섞인 찰흙을 발라 구멍을 막은 형식도 축담이라고 한다. '축ᄇ름', '축벡', '축', '벡담', '축장'이라고도 한다. 제주는 바람이 많아서 초가를 지을 때 돌로 벽을 쌓는다. 돌담을 쌓은 후 지붕을 만들고 돌담 내·외부에 보리짚이 섞인 찰흙을 발라 구멍을 막았다. 바람 때문에 초가의 지붕은 둥글고 낮으며, 대체로 문은 작았다. 바닷가 초가의 울담인 경우, 파도와 바닷바람 때문에 돌담의 높이를 거의 지붕이 가려지도록 쌓는다. 또 축담은 흙벽이 무너지지 않도록 쌓는 담을 말한다.

올레담

'집올레담'이라고도 한다. 올레는 골목을 뜻한다. 올레담은 바람이 센 때문에 생긴 돌담이다. 이 올레담은 큰길에서 집으로 가는 사이의 이동 공간에 양편으로 쌓은 돌담으로, 높이는 120∼220cm 정도로 다양하며, 지역과 장소에 따라 높이가 다르다. 올레담은 바람이 바로 집으로 들이치는 것을 완만하게 흩어지게 하는 역할을 한다. 바닷가 마을의 올레담인 경우 남쪽은 볕이 잘 들도록 낮게 쌓고, 겨울 북서풍이 불어오는 북쪽은 어른 키보다 높게 쌓아 처마를 강풍으로부터 보

바람을 약화시키는 올레담 구조

호한다.

올레의 형태는 一자 형, L자 형, C자 형, S지 형 등 여러 가지가 있다. 올레는 한 집의 올레가 있는가 하면 여러 집이 한 올레로 통하는 올레가 있는데, 이를 '올렛가지'라고 한다. 이 올렛가지는 올레에 나무줄기처럼 다시 여러 올레가 있는 것이다. 해안 마을 올레인 경우 바다까지 끝이 막히지 않게 뚫려 있기도 한데, 강한 바닷바람이 갑자기 마을로 불어올 때 이를 분산시키기 위한 것이다. 해안 마을의 돌담들은 바람을 의식해 대개 곡선이 많고, 여러 개의 올레로 분산시킨다.

올레는 입구에 해당하는 올레목에 정주목을 세워 출입을 제한하는데, 일종의 대문이라고 할 수 있다. 정주목은 원래 넓은 나무에 구멍을 뚫어 세웠으나 비가 많이 오는 지역이어서 후에 돌로 대체했다. 정주목에 뚫은 구멍에 1개~5개의 나무를 이용하여 숫자대로 걸어 놓은 것을 '정낭'이라고 한다. 이 정낭은 사람, 마소의 출입을 통제하며, 구멍의 숫자는 마소의 크기에 따라 달라진다. 정주목에 걸어 놓은 정낭은 마소 관리 때문이며, 바람을 의식하기도 하여 긴 나무 막대로 틈을 낸 것이다.

올레의 구조는 큰길에서 올레가 시작되는 바닥에 '올레턱'이라고 하여 긴 돌을 땅에 박아 표시를 한다. 올레는 올레 입구에 해당하는 올레목, 골목인 올레, 마당 입구에 해당하는 마당턱으로 이루어져 있다.

부잣집일수록 올레가 길다고 하는데, 속설에 의하면 부잣집이 올레가 긴 이유는 도둑 때문이라고 한다. 부잣집은 곡식이 많기 때문에 도둑이 들어도 올레가 길면 곡식 한 가마니밖에 훔쳐갈 수 없다는 것이다.

우영담

　대개 제주의 민가에는 마당 옆이나 초가 옆, 또는 초가 뒤편으로 작은 텃밭을 조성한다. 이것을 '우영', 혹은 '우영팟'이라고 한다. 주거 환경에 따라 우영팟의 면적이 다르다. 주거 면적이 약 50평 이상 200평 미만인 경우 작게는 1~2평, 중간 크기로는 4~20평, 크게는 20~30평 정도로 작은 밭을 만든다. 이 우영팟의 용도는 각종 식재료가 되는 채소의 공급지 역할을 한다. 우영에는 배추, 고추, 파, 부추, 상추, 물외, 양애(양하) 등 풍토에 맞게 잘 자라는 채소류로 채워진다. 또 우영에는 나무를 심기도 하는데, 귤나무(댕유지)·땡감나무(갈옷용)·동백나무 등과 약초로는 치자를 심거나 밧줄용으로 신사라(신서란), 구덕과 같은 생활용 도구를 만들기 위해 수리대(족대)를 심어서 일상생활에 도움이 되거나 방풍(防風)도 되게 하고, 경관도 좋게 한다. 이런 우영팟의

작은 우영(텃밭)의 돌담인 우영담

기능은 바쁜 일상생활의 식생활을 위한 편리성 때문에 조성되는 것이다. 또 집안에 개, 닭, 돼지를 키우므로 우영괴 통시(돼지가 있는 화장실)를 구분하는 우영담과 통싯담을 쌓는데, 작은 밭담과 비슷하다.

통싯담

제주 사람들이 '소나 돼지 기르기를 좋아한다.'는 기록은 3C경에 편찬된 『삼국지 위서(三國志 魏書)』와 5C에 쓴 『후한서(後漢書)』에서 볼 수 있다. 또한 7C에 편찬된 『당서(唐書)』에는 "풍속이 검소하고 소박하여 개가죽이나 돼지가죽으로 옷을 만들어 입는다."고 하였다. 예로부터 돼지는 식량과 의복으로 제주인에게 친연성이 높은 가축임을 알 수 있다.

1905년 일본은 한반도를 식민화하기 위해 조선의 강역(疆域)은 물

도새기(돼지) 집의 울타리인 통싯담

론 제주도에까지 진출하여 사회 전반에 걸쳐 조사를 진행하였다. 아오야기 츠나타로오(清柳網太郎)의 『조선(朝鮮)의 보고(寶庫) 제주도 안내』라는 글은 이를 뒷받침해 주는 자료이다. 거기에 제주도 화장실에 대한 글이 보인다.

변소는 따로 집 모양이 없이 단지 작은 돌을 외벽 옆에 쌓아올려 겨우 한 줄기의 나무를 가로로 걸친 것뿐이며, 그 안에 돼지를 키운다.

돼지를 제주어로는 '돗', '돝' 또는 '도새기'라고 한다. 화장실이면서 돼지가 사는 움집을 '돗통'·'돗통시'·'통시'라고 하고, 돼지의 먹이 그릇을 '돗도고리'라고 부른다. 한 돗통에 두 마리를 넣어 기르는 작은 돼지를 '자릿도새기'라고 하는데, 어미에게서 젖을 뗀 지 얼마 되지 않은 졸망한 어린 도새기를 말한다.

제주에 이런 돗통 문화가 있기까지는 땅의 역사가 말해 준다. 『조선왕조실록』의 기록에서 알 수 있듯, 수없이 많은 가뭄과 기근이 제주에 닥쳐 제주인의 생존을 늘 위협하였다. 특히 땅에 돌이 많고 흙이 메말라 농사를 짓기가 여간 힘들지 않았기에 때로는 궁여지책으로 바다의 해초를 등짐으로 날라다 밭에 뿌려 보기도 하면서 메말라 가는 곡식을 키우려고 애썼다. 그러다 결국 생각해 낸 것이 바로 돗걸름(돼지거름)이다. 이 돗걸름은 제주인의 생존 방식을 가장 쉽게 설명해 준다. 돗걸름은 사람과 돼지와 자연 발효의 합작품이다. 사람이 먹다 남은 음식의 구정물을 돼지에게 먹이고, 또 사람의 인분을 돼지가 먹고, 다시 돼지가 분뇨를 배설하여 돗통이 질펀할 때마다 보리짚을 깔아 준다. 그 위를 튼실한 돼지가 돌아다니면서 밟아 주고, 겨울이 돼 발효되면 훌륭한 돗걸름이 된다.

돼지를 기르려면 통싯담을 잘 쌓아야 한다. 돼지는 발정기에 거칠어지는데, 툭하면 통싯담을 허물고 밖으로 뛰쳐 나간다. 집 나간 돼지는 마을 전체를 돌아다니며 이집 저집 헤집고 다니면서 말썽을 일으킨다. 돼지 밥그릇인 '돗도고리'도 무거운 현무암으로 만들어야 그것을 뒤집지 못한다. 암컷의 돼지는 종돈에게 가야 하고, 수컷의 돼지는 거세해야만 착하게 통시를 지킨다. 돗통시에는 더운 여름날 돼지에게 그늘을 만들어 주는 무화과를 심는다.

보말담(사슬담)

집의 울담에 장식하기 위해서 촘촘하게 작은 돌로 쌓은 돌담을 말한다. 작은 돌들이 마치 보말(작은 고동의 일종)과 같이 붙어 있다고

보말담

하여 '보말담'이라 한다. 요즘은 작은 자갈들을 시멘트로 벽에 붙여
장식한다.

농경을 위한 돌담

밭 담

밭은 먼저 흙이 많은 자연 경작지에서 시작하여 서서히 암반을 걷
어내면서 밭을 넓히는 방식으로 발달했다. 또 밭은 그것이 조성된 위
치를 고려할 때 마을 인가에서부터 시작돼 그 주변으로 점차 확장되
었다는 것을 보여 준다. 인구가 증가함에 따라 마을의 범위를 넘어서
중산간 목초지들까지도 밭으로 변했다.

끝없이 이어지는 밭담

김녕의 밭담

  밭담은 제주도 들녘에서 쉽게 볼 수 있는 돌담군(群)이다. 제주어
로 들은 '드르팟'·'산전(山田)'·'산전밧'이라고도 부르는데, 해안가
마을 지대를 '알뜨르(해안 마을 : 해발 100m까지)', 중산간 지역을 '웃뜨
르(중산간 마을 : 해발 200m까지)'라고 하여 해발에 따라 들녘을 구분하
고 있다. 밭담은 웃뜨르와 알뜨르 지역에 다양한 이름으로 존재한다.
  알뜨르인 경우, 마을 가까운 곳에 밭을 조성하는 것은 생존 문제
때문이었다. 즉 태풍, 가뭄과 같은 자연적 공포, 세금, 노역, 진상과
같은 무리한 관의 요구, 외세의 침략으로 인한 삶의 조건이 밭과 바
다를 동시에 선택할 수밖에 없었다. 밭에서 일하다가 물때가 되면 곧
바로 바다에 나가 어로와 물질을 해야 하는 반농반어의 삶 때문에 밭
이 마을 인근에 있게 된 것이다. 그러나 반대로 웃뜨르인 경우 바다

가 멀어 어로에 종사할 수 없어서 밭농사를 중심으로 목축, 수렵, 가내 수공업을 병행하기도 했다.

밭의 종류를 알게 되면 밭담의 성격과 특징을 알 수 있을 것이다. 밭의 종류로는 조, 보리, 콩 등 일반 곡식을 심는 '곡석(穀食)밭'이 있고, 말과 소가 겨울을 나기 위해 키우는 '촐(꼴)밭', 초가의 지붕을 단장하기 위한 '새(띠)밭', 마소의 배설물을 모아 거름으로 쓰기 위한 '바령팟(田)', 마소가 있는 사람들이 공동으로 키우기 위해 돌담을 두른 목초지나 산야를 불태워 조성한 거친 밭인 '캐왓(田)', 집안에 작게 만든 '우영팟(田)'이 있다.

밭의 성격과 특성을 말해 주는 이름으로는 벨진밭(큰 밭), ᄃ르겡이 (작은 밭), 술지픈밭(흙살이 깊은 밭), 가분밧(흙 기운이 시원찮은 밭), ᄀ슬왓(가을걷이 이후 봄까지 한 계절 노는 밭), 굴너른밭(고랑이 넓은 밭), 작지왓·머흘왓(자갈이 많은 밭), 거리왓·가름팟(마을 안에 있는 밭), 난전·산전(마을에서 조금 먼 거리에 있는 밭), 뜬밭(푸석거리는 화산회토의 밭), 진밧(물기가 많은 밭), 몰래왓(모래밭), 제사를 위해 경비를 마련하는 제월전(祭位田), 물왓(물이 고이는 밭), 빌레왓(암반이 많은 밭), 베락밧(벼락 맞은 밭), 테역밧(잔디밭) 등이 있다. 지명에 따라 혹은 곡물에 따라서 밭 이름을 부르기도 한다. 특수한 밭으로는 장례를 치르는 장소를 가리키는 '영장밧'이 있다.

축 담

밭의 지형이 경사가 심하게 되면 우녁밭(윗밭)과 알녁밭(아래밭)의 경계에 높은 흙벽의 절개지(切開地)가 생긴다. 이 흙벽을 그대로 놔두

절개지 흙의 유실을 막기 위해 쌓은 축담

면 자꾸 무너져 내려 두 밭이 서로 피해를 입게 된다. 이때 절개지인
흙벽에 큰 잡석들로 외벽을 쌓은 후 군데군데 빈 공간은 잔돌로 채워
균형을 맞추어 흙이 더 이상 무너지지 않게 쌓은 담을 '축담'이라고
한다. 밭의 흙벽을 보호하는 축담은 집의 축담과는 다르다. 집의 축
담은 자연석이라도 비교적 평평한 면을 바깥쪽으로 쌓거나 더 정성
들일 경우 바깥 면 한쪽을 다듬어 쌓은 후 안팎으로 진흙을 발라 바람
구멍을 막는다. 도로 공사로 인해 생긴 양쪽 벽의 돌담도 축담이라고
한다.

잣벡담과 잣질

잣벡은 밭을 경작하는 과정에서 나온 자갈을 밭 구석에 벽처럼 쌓
은 돌무더기이다. 잣벡담은 이 잣벡이 길어져 이어진 돌담을 말한다.

대를 이어 경작하면서 잣벽의 길이가 늘어나 점점 하나의 성(城)처럼 길고 높다란 모양이 된 것이다.

잣벽담은 지역에 따라 '잣담', '잣'이라고도 한다. 제주시 동부 지역보다 서부 지역에 잣벽담의 재료인 자갈이 많다. 특히 제주시 애월읍 금성이나 한림읍 귀덕 등지에서 이 잣벽담을 쉽게 볼 수 있다. 잣벽담은 다른 지역에서 볼 수 없는 특이한 경관을 만들어 낸다. 잣벽담은 비가 오거나 밭의 도(입구)가 없으면 그 위에 평평한 길을 만들어 안쪽 밭을 오가는 통로로 사용하였다. 이런 길을 '잣질'이라고 하는데, '잣벽담 위에 난 길'이라는 뜻이다. 거름, 생산된 농작물을 이 잣질을 통해 나른다. 또 잣벽담은 밭 안에 부모나 친족의 무덤을 조성하게 되면 이것을 허물어 큰 돌이 나오면 산담을 쌓을 때 안과 밖을 쌓는 돌로 사용하고, 자갈들은 안과 밖 사이 빈 공간을 채우는 데 사용한다.

잣벽담과 잣질

머들

머들은 '머돌'이라고도 한다. 밭을 경작하는 과정에서 다양한 크기의 돌이 나오면 밭 중앙 혹은 빌레가 있는 한 편에 탑처럼 쌓아 놓은 돌무더기를 말한다. 머들은 운반할 수 있는 도구나 노동력이 부족하여 돌을 처리할 수 없어 임시로 모아 둔 것이다. 이후 이 머들은 밭담을 보수하거나 산담을 조성할 때 재사용하기도 한다.

목축을 위한 돌담

잣담(잣성)

잣성은 말을 키우기 위해서 경계를 지은 돌담이다. 잣성은 한라산을 중심으로 산간 지역을 상잣성, 중산간을 중잣성, 마을 뒷산을 하

머들(머돌)

잣성으로 돌담을 쌓아 구분하였다. 잣성은 15C 제주 출신 관리인 고득종(高得宗)에 의해 한라산 주위 사면에 약 4식(息 : 120리) 정도를 목장으로 만들어 공사(公私)의 말을 들여보내 방목케 하고, 목장 조성지 내 주민 60여 호를 모두 목장 지정지 밖으로 옮기면서 목장의 잣성을 쌓게 한 것이 시초다.

제주도의 목마장은 몽골가 아막(阿幕)을 설치하여 말 160필을 가지고 와 수산평(현재 성산읍 수산리)에 방목했던 것이 제주도 목마장의 시초이다. 조선 시대에 이르러 7소장(所場) 또는 20소장이 되었다가 1704년 제주 목사 송정규(宋廷奎)가 임금의 재가를 받아 목장에 돌담을 쌓고 다른 소장들을 합해 10소장으로 정하였다. 1744년(영조 20)에 목사 윤식(尹植)이 돌담을 더 쌓아서 마우감(馬牛監) 및 테우리(牧子)를 정하고 목양(牧養)하게 하였다. 사영 목장으로는 헌마 공신

하잣성(표선면 가시리)

으로 유명한 경주 김씨 집안의 김만일 목장이 있었다.

캣 담

캣담은 각 소장(10소장)을 구분하거나 마을 공동 목장 내 마소와 목초를 관리하기 편하게 중간중간 경계를 가르는 돌담이다. 또 마소가 마을 공동 목장을 벗어나지 못하도록 농작물을 보호하기 위한 목축용 돌담이다. 지금도 중산간 야산에 많이 남아 있으나 감자 농사를 위해 밭을 만드는 바람에 밭담처럼 보이기도 한다.

'번쇠'란, 소가 있는 집들이 모여 계(契)를 만들어서 계원들이 차례로 당번을 정해 마소를 관리하는 방식이다. 마을마다 번쇠의 공동 운영 방식이 널리 성행했다. 하지만 자연 방목도 병행했는데, 마소를

캣담(상도리)

그냥 마을 야산에 올려 보내 집집마다 알아서 관리하게 하기도 했다. 집의 마소를 제대로 관리하지 못하게 되면 마소들은 어김없이 주변 밭을 훌쩍 넘어가 밭의 농작물을 먹어치우게 돼 많은 곡식 피해를 입게 된다. 이를 방지하기 위해 쌓은 돌담이 바로 캣담이다.

강정마을의 경우 1829년에 마을 단위로 캣담계를 결성했다. 1829년 이전에는 야산에 방목한 마소들이 마을 가까이에 있는 밭의 피해를 주니, 강정마을 40여 농가가 참여하여 캣담을 쌓았다. 그리고 캣담을 효율적으로 관리하기 위해서 사람을 두었다. 여러 군데 입구를 만들어 정주목을 세워 마소를 통제했고, 이를 어긴 사람은 벌금을 물도록 했다. 캣담을 관리하는 비용은 가구마다 보리나 벼 수확기에 각각 한 단씩 관리인에 주었다고 한다. 강정동 캣담은 150년간 지속되다가 1948년 4·3사건이 발발하자 한라산의 무장대를 방어하는 성담으로 사용하다 헐어 버리는 바람에 지금은 사라지고 말았다.

방어를 위한 돌담

성담

제주의 성담 역시 돌로 만들었다. 물론 제주에 항파두리성 같은 토성이 없는 것은 아니다. 더 오래 전에는 목책을 두른 성도 있었다. 제주의 방어 체계는 3성(城), 9진(鎭), 25봉수(烽燧), 38연대(煙臺)이다.

3성(城)은 제주성(濟州城)·정의성(旌義城)·대정성(大靜城)이 대표적인 석성(石城)으로 모두 읍성(邑城)에 속하며, 지리적 위치로 분류하면 험한 산성이 아닌 평지성(平地城)이다.

9진(鎭)은 제주도 외곽 지역을 방호하기 위하여 설치했는데, 고려 시대부터 조선 전기까지 극성을 부렸던 왜구들을 막기 위한 군사 시설로 화북진(禾北鎭), 조천진(朝天鎭), 별방진(別防鎭), 애월진(涯月鎭), 명월진(明月鎭), 차귀진(遮歸鎭), 모슬진(摹瑟鎭), 서귀진(西歸鎭), 수산진(水山鎭)이다. 9진은 해안 상륙이 쉬운 곳에 설치돼 있다. 예를 들어 모슬진에서 서귀진까지의 한라산 남쪽의 지형은 절벽이 많아 자연적으로 방어가 되는 곳이기 때문에 따로 진을 설치하지 않았다. 또 우도와 가까운 별방진과 수산진, 새섬·문섬이 잘 보이는 서귀진, 마라도·가파도 앞의 모슬진, 차귀도 앞의 차귀진, 비양도 앞의 명월진은 그 섬에서 비교적 해난 사고가 잘 나고 왜구가 숨기 좋고 상륙하기 쉬운 지점이기 때문에 진을 설치했던 것이다.

평지에 세워졌다고 하여 평지성이라고 할 수 있는 제주 3성은 제주

정의현성

성을 제외하고 두 성 모두 해안을 피해 섬 내륙 쪽으로 축조되었다.

정의성의 현청은 원래 성산읍 고성리에 있었으나 해안을 피해 지금의 성읍으로 옮긴 것이다. 정의성은 대정성과 마찬가지로 현무암으로 쌓았는데, 1422년(세종 5년)에 안무사 정간(鄭幹)이 성산읍 고성리로부터 현청을 옮겨 올 때 지었다. 처음 정의현은 '동쪽의 제일 끝 사람이 없는 곳'이었다가 영주산 아래 둘레 2986척, 높이가 13자이다. 동·서·남쪽에 세 문이 있고 성안에는 두 개의 봉천수가 있는데, 물이 마를 때에는 성 남쪽 2리쯤에 한내물(大川水)을 길어다 먹었다.

제주성은 바다가 가깝지만 동쪽 산지천의 계곡과 서쪽의 병문천 계곡을 경계 삼아 지어졌다. 제주성의 건립 연대는 의견이 분분하지만 최소한 고려 시대에 축성된 것으로 보인다.

대정성은 1418년(태종 18)에 동성리(東城里 : 현 인성, 안성), 서성리(西城里 : 현 보성)를 중심으로 축성되었다. 대정현 초대 현감인 유신(俞信)이 부임하고 도안무사(都按撫使) 겸 제주 목사였던 분성(盆城) 이간(李暕)의 책임 아래 한 달도 채 안 돼 성이 완성되다 보니, 성이 정밀하지 못했다. 대정성의 규모는 둘레 4890척, 높이 10척으로, 약간 다듬은 돌과 잡석을 섞으면서 물려 쌓았는데, 대정 사람들이 석성을 처음 쌓다 보니 성 모양이 바른 직선이 아니라 울퉁불퉁 튀어나온 곳과 들어간 곳이 있어 성글성글하다. 성을 쌓을 무렵 왜구들이 우둔(牛屯 : 현 효돈), 우포(友浦), 차귀(遮歸 : 현 고산)에 침입하기도 했다.

현재 복원된 제주의 성담들은 자주 복원의 문제점을 지적받았지만 여전히 그대로인 채 남겨졌다. 성의 기본 구조는 우리나라 성담의 공통적인 요소라서 크게 다르지 않지만 현무암 재질의 특수성에서 차이가 있을 뿐이다. 현재 복원된 제주의 성들은 원래 쌓았던 방식과 다르다. 현존 대정현성에 남겨진 원래의 성담은 큰 돌과 작은 돌을 섞어서 서로 물리면서 자연스럽게 축조되었고, 원래의 명월진성이나 별방진성도 비교적 잔돌로 촘촘히 축조되었으나, 지금은 너무나 기계적으로 복원돼 옛 원형을 보기 힘들다. 〈탐라순력도〉에 그려진 성을 보면 성마다 여장이 있는데, 살받이터 없는 성으로 어떻게 방어할 수 있을까. 조천진성의 연북정 또한 오르는 계단이라고 하는 등성이 반대로 복원되었다. 문화재 복원에 대한 새로운 자각과 반성이 어느 때보다도 필요하다.

환해장성(環海長城)

원래 옛 기록에는 '고장성(古長城)', '장성(長城)'이라고 하였다. 환해장성이라는 말은 정헌(靜軒)의 〈탐라잡영(耽羅雜詠)〉 '기이십사(其二十四)'에 나오는 말이다.

김통정의 흉악한 피 지금까지 비릿내
넘실대는 물결, 세찬 조류 순식간에 잠잠해
환해장성(環海長城) 4백 리
주민들 아직도 이야기하네, 시랑(侍郎)의 이름을.

'시랑(侍郎)'은 '고여림(高汝霖)'을 말한다. 환해장성은 1270년(고려 원종 11)에 김수(金須)·시랑(侍郎) 고여림(高汝霖)은 왕명을 받고 김통정의 삼별초군을 막기 위해 제주도 해안가 약 400여 리를 돌로 성을 쌓았다. 그러나 이 장성(長城)은 세월이 흐르면서 무너져 내려 그 터만 남아 있을 때 사람들은 고여림이 주도해서 쌓았다 하여 '시랑성(侍郎城)'이라고 불렀다.

환해장성은 1845년(헌종 11)에 목사 권직(權稷)이 다시 보수해 쌓아 오늘에 이르는 동안 사람들은 구전으로 '해안성담'이라고 부르기도 한다. 오늘날은 해안도로 개발로 인해 곳곳에 남아 있던 환해장성이 흔적도 없이 묻혔고, 복원된 곳도 원형과는 다르게 돼 문화재 보존과 복원에 대한 진정성이 요구되고 있다.

환해장성은 바닷가 파도에 깎인 몽돌들로 쌓았기 때문에 쉽게 구별할 수가 있다. 해안가 평지를 중심으로 밑 부분은 다겹담이고, 위로 갈수록 겹담이 가운데로 쏠리면서 삼각형식의 구조로 쌓았다. 이는 돌의 모서리가 없는 미끄러운 해안의 돌로 쌓았기 때문이다.

환해장성(구좌읍 행원리)

어로를 위한 돌담

원담

해양 돌 문화의 일종으로 '원담'이라는 돌담이 있다. 원담은 마을에 따라 '원', '갯담', '개'라고도 부른다. 원담은 바닷가에 작은 여(현무암 암반)가 형성된 곳, 모래밭의 도드라진 빌레 사이, 작은 만이 형성된 해변 등을 서로 이어 막아 밀물 때 고기가 들어오게 하고 썰물 때 가두어진 고기를 잡는 돌담이다.

원담은 바다 방향은 완만하게 만들고 마을 방향은 수직으로 만들어 고기가 들어오기는 쉬우나 썰물이 되면 수직의 돌담에 막혀서 못

원담 밀물 때 고기가 들어오게 하여 썰물 때 가둔 고기를 잡기 위한 돌담이다.

나가도록 만든 다겹의 돌담 구조로, 일종의 '돌그물'이라고 할 수 있다. 양편으로 돌을 놓고 가운데 빈 공간을 잔돌로 채우는 산담의 배채움 잣하고는 성격이 다르다. 원담은 대개 비슷한 돌 4~6개로 열을 지어 다겹으로 쌓는다. 원담의 형태는 ㄱ자 형, 一자 형, ⌒형 등 다양하다.

원담에는 주로 멜 떼(큰 멸치)가 들어왔고, 그 뒤를 따라 갈치나 작은 고등어, 각재기(전갱이)가 따라 들어올 때도 있었다. 원담에 멜이 들면 개인용 사둘(큰 원형 그물)이나 족바지(작은 채 그물)로 잡는다. 큰 규모로 멜을 잡을 때는 그물접의 계원들이 공동으로 잡아 나누었다.

원담은 어선이 등장하지 않던 시기의 어로 방식으로, 작은 마을 단위로 골(팀)을 만들어 원담을 쌓아 공동으로 관리했다. 원담의 크기는 약 100평의 작은 원담에서 1500평에 이르는 큰 원담까지 마을의 인구와 지형에 따라 다양하다. 원담의 높이는 80cm~1m 내외, 넓이 1.5m 정도로 두 사람이 충분히 왕래할 수 있다. 또 이 원담은 허채(許採) 시 미역이나 천초 등의 해산물을 나르는 길 역할도 병행했고, 반찬거리로 토종 고기를 낚기 위해 고망 낚시를 하는 장소가 되기도 했으며 큰 바다를 막아 주어 마을 어린아이들의 안전한 물놀이터가 되기도 했다.

불턱

잠녀(潛女 : 해녀)들이 물질을 위해서 테왁 구덕을 보관하거나 물소중이로 갈아입는 장소이자, 물질 후 시린 몸을 녹이는 쉼터이다. 원래 불턱은 바람을 막기 위해 해안의 암반 지형을 이용한 것이 시초이다. 불턱의 유형에는 잠녀들이 물에 드는 곳을 중심으로 가장 바람을 잘 막을 수 있고 파도로부터 안전한 자연 지형의 불턱과 밀물 때에도 파도에 안전한 약간 높은 해안에 외담 혹은 겹담으로 쌓아 바람을 막고 쉴 수 있는 인위적으로 만든 불턱 등이 있다. 구좌읍에서는 불턱을 '화(火)덕' 또는 '덕'이라고도 부른다. 잠녀들의 물소중이를 입고 작업을 할 때는 계절마다 차이가 있지만 보통 하루에 2~3번 물에 들고 나는 동안 시린 몸을 녹여야 한다. 몸을 녹이는 땔감으로는 잠녀들이 각자 가지고 온 소나무 장작, 솔잎 등 집에서 쉽게 얻을 수 있는 것을 이용한다.

서귀포시 모슬포의 경우 자연 암반 불턱은 망알, 앞바르, 비진여

불턱 해녀들의 쉼터이자 물질을 위해 옷을 갈아입는 장소이다.

등 잠녀들이 물에 들고 나는 바다 동쪽과 서쪽 모두 여러 군데 있었다. 불턱의 변화 과정을 보면, 자연 암반형→외담·겹담 돌담형→외담+시멘트 축조형으로 발전했다. 요즘 새로 만든 불턱은 겹담으로 성벽처럼 둘러서 원형을 잃어 버렸다.

잠녀들이 귀가할 때 짠 몸을 헹구기 위해 불턱은 자연 용천수 가까운 곳에 두었다. 그러나 오늘날은 고무옷이 보급되고 뜨거운 물이 공급되는 해녀탈의장이 생기면서 불턱과 용천수의 물통은 방치되고 있고, 점점 사라져 가는 추세다.

포구담

제주도는 4면이 바다이고, 용암이 흐르다 바다를 만나서 멈추는 바람에 해안은 온통 날카로운 클링커가 솟아 있거나 빌레·투물러스로 가득 차 있다. 포구는 마을 가까이 만(灣)처럼 우묵하게 들어간 곳이나 반대로 암반이 뻗어 나와 바람과 파도로부터 보호되는 곳에 포구가 있다. 조선 시대 사서(史書)에 명시된 제주 포구의 수는 1535년에 간행된 『신증동국여지승람(新增東國輿地勝覽)』에 19개로 가장 적게 기록하고 있고, 1864년에 간행된 『대동지지(大東地志)』에는 41개의 포구를 명기하고 있어 가장 많다. 평균적으로 조선 시대 간행된 사서에는 제주의 포구가 30여 개에 이른다.

포구는 사람들이 어로 행위를 위해서, 혹은 타 지역으로 출타할 수 있는 유일한 장소인데, 고려 시대는 명월포가, 조선 시대에는 화북포와 조천포가 중요한 관문이었다. 포구와 관련된 일화로는 왕의 유배가 있다. 조선의 패주인 광해군은 1637년 6월 16일 바람에 밀려 어등

포(현 제주시 행원)로 입도하여 유배의 길을 시작했으나 1641년 7월 초, 4년 후인 향년 67세로 제주에서 운명했다.

또 일제 강점기에는 산지포와 모슬포, 서귀포, 성산포가 이름 난 포구였다. 포구에는 으레 파도를 막는 돌담을 성처럼 쌓아 배를 안전하게 지키고자 했다. 포구는 마을 공동체의 힘으로 건립되는데, 고기잡이를 하거나 미역, 감태, 몰망(모자반) 등의 작업을 위해서 누구나 필요한 시설이기 때문이다.

포구의 돌담을 쌓은 사례로는 화북포구를 복원한 제주 목사 노봉(蘆峰) 김정(1670~1737)이 있다. 김정은 화북포구의 돌담이 오래 전에 무너져 내려 방치된 것을 수리하기 위해 석장(石匠)들을 소집하여

포구담

옛날의 돌담대로 복원하고자 했다. 그는 이 과정에서 부역을 일체 배제하여 번미(番米)로 자금을 조달해 백성들을 괴롭게 하지 않아 백성들의 칭송을 받았다. '목사가 돌짐을 져 날랐다.'는 전설을 남겼지만 포구 축조의 일이 너무 과중했던지 목사 임기를 마치고 제주를 떠나려고 할 때 자신이 쌓은 화북포에서 중풍으로 쓰러져 목숨을 잃었다. 어쨌든 김 목사의 노력으로 당시 육지와의 주 교통로였던 조천포 외에 중심 교통로가 다시 확보되는 이득을 누렸다.

산물통

산물은 '생수'를 뜻한다. 용천수의 다른 말이며, '나는 물', '돈물(단물)'이라고도 한다. 제주도는 해안가 용천수가 잘 발달돼 있어서 마을이 해안가 위주로 형성되었다. 마을 앞 바닷가에 조수 간만의 차에 따라서 사용할 수 있는 여러 개의 물통들이 있다.

제주의 물은 눈물과 회한의 상징과 같다. 전통사회에서 가장 무서운 것은 가뭄이었다. 물이 귀한 제주에서 생명수와 같은 물을 길어야 하는 여성들의 또 다른 노동은 제주인의 삶의 가치를 돋보이게 하는 부분이다.

물과 관련한 도구로는 물허벅과 춤항이 대표적이다. 물항, 물팡, 물구덕은 물허벅과 함께 용천수를 길어다 먹어야 하는 제주의 생활상을 보여 주는 종합 세트이다. 춤항은 용천수가 없는 중산간 지역에서 나무에 띠줄을 이어 빗물을 받는 저장 용기이다.

특히 해안가에 발달한 산물은 그것을 보호하기 위해 돌담을 쌓았다. 산물통에서는 식수를 긷고 채소를 씻었으며, 빨래는 물론 목욕탕

북촌의 용천수

산물목욕탕

을 만들어 남탕과 여탕의 경계 돌담을 쌓아 차별을 두기도 했다. 식수통은 주로 여탕에 만들거나 따로 독립해서 사용하기도 했다.

신앙을 위한 돌담

본향당과 해신당

제주도 마을을 지키는 성소(聖所)로서 당 중에서도 가장 큰 위치를

제주시 와흘본향

김녕 남당하르방당

차지하는 것이 바로 본향당이다. 본향당(本鄕堂)에는 해당 마을의 굿을 집전하는 고정적인 사제라 할 수 있는 메인 심방이 있다. 본향은 해당 마을의 수호신으로서, 존칭으로는 '본향님', '본향한집'이라고 부른다. 본향당의 형태는 신목을 가운데 두고 돌담을 두르고 있다. 본향당은 마을에서 여성 중심의 신앙처인 반면, 남성 위주의 유교식 포제와 대등하게 이중 구조를 갖는다. 남성과 여성은 서로 묵인 하에 여성 중심의 당굿과 남성 중심의 마을 포제가 면면히 유지되었다. 본향당은 마을에 따라서 외담·겹담 형태의 돌담을 두르고 있으며, 제주 공동체의 정신적 시원지 역할을 하고 있다.

해신당(海神堂)의 종류에는 포구 전체의 수호신격인 갯당(浦堂)과

종달리생개납 돈짓당

배를 매어 두는 성창(선창)의 신인 돈짓당, 그리고 해신당이 있으며, 해안 마을이 신이기 때문에 어부와 줌녀(해녀)들이 단골이 된다. 현재 전해 오는 해신당은 바닷가에 원형·사각형의 형태로 남아 있으며, 외담이나 겹담으로 돼 있고, 겹담이나 외담에 시멘트로 바른 돌담도 있다. 해신당의 위치는 높은 빌레 위나 해안의 언덕 아래에 돌담을 두른 형태가 많다.

사자(死者)를 위한 돌담

산 담

산담은 '산잣'이라고도 한다. 산잣이라고 하는 이유는 산담은 주로 겹담으로 쌓기 때문이다. 산담은 돌담의 일종이나 죽음 문화와 직접적인 연관이 있다는 점에서 다른 돌담과 달리 인식된다. 산담은 무덤을 보호하기 위한 울타리이다. 외담 산담으로는 원형 산담·전방후원형 산담·사각형 산담이 있고, 겹담 산담으로는 부등변 사각형 산담이 있다. 겹담 산담인 경우 보기와는 달리 직사각형인 장방형이라고 하면 안 된다. 산담의 앞면이 12m라면 뒷면은 10m 정도여서 산담의 모양이 약 1.2 : 1이 되는 부등변 사각형이다. 이는 용묘의 모양을 따라 뒷부분을 좁게 조성하기 때문이다.

또 산담에는 토석 산담이 있다. 토석 산담은 외담으로, 좌우를 쌓은 후 그 사이에 흙을 채워 놓은 산담을 말한다. 이 토석 산담은 흔히 볼 수 있는 산담이 아니라 돌이 귀한 지역에서만 볼 수 있는 매우 귀한 산담이라고 할 수 있다.

내려다본 산담

원형 외담과 사각 겹담의 산담

산담의 구조에는 산 사람의 집처럼 영혼이 다니는 '신문(神門)'이라고 부르는 올레가 있다. 올레는 약 40~50cm 정도 되는데, 그 위에 정돌이라고 하는 긴 돌을 1~3개를 올려놓아 마소나 사람을 통제한다. 올레의 방향은 남자의 무덤은 망자의 시점으로 볼 때 좌측에 만들고, 여자인 경우 우측에 만들며, 합묘인 경우 남자를 중심으로 좌측에 만든다. 또 올레는 산담 앞쪽에 트거나 측면에 만든 사례가 있다. 쌍묘인 경우 양쪽으로 만드는 경우도 있다.

산담은 화입(火入)이나 마소 침입으로부터 무덤을 보호한다는 기능으로 볼 때, 원래 밭머리에 있었던 것이 아니라 들판에 있었다. 그 들판이 점점 경작지로 변하자 밭머리에 조성하는 것으로 되었다. 후에 밭에 산담을 조성하는 것은 친인척이 무덤을 관리하려는 측면이 크다.

산담의 돌은 어느 누구도 함부로 할 수 없는 터부의 요소가 있고, 이유 없이 산담을 함부로 넘어가서도 안 된다. 먼 길을 가다 길을 잃었을 때 산담 안에서 자면 그 안의 영혼이 보호해 준다고 믿는 인간적인 따뜻함도 있다.

여러 가지 이유로 산담은 제주 사람들에게 있어서 무의식적인 친연성을 띤다. 500여 년의 시·공간을 넘어오면서 산담 문화를 자연스럽게 접해 왔기 때문이다. 그러기에 산담은 제주 사람들이 의도하지 않아도 조성된 대지 예술로서 그 어떤 축조물보다도 대단한 규모이며 섬의 풍토와 잘 어울리는 독특한 돌담이라고 할 수 있다.

새각담

고노(古老)들에 의하면, 새각담은 '방제담(防止垣)', '방쉬담(防邪垣)'

새각담

이라고도 한다. 이 새각담은 망자의 입장에서 나쁜 방위 쪽으로 돌담을 쌓는데, 두 가지 형태가 있다. 이미 쌓은 산담 위에 한쪽으로 약 80cm～1m 높이로 쌓아올려 '새각(邪氣) 비치는 곳'을 막기 위해 쌓은 돌담 형태가 있다. 또한 이와 다르게 무덤의 산담과 2～3m 떨어진 곳에 따로 돌담을 일렬로 쌓는데, 높이는 1.2m 정도이며, 측면 산담 길이만큼 쌓아 나쁜 기운(邪氣)을 방지한다. 이는 좌청룡이 허한 곳은 좌측에, 우백호가 허한다면 우측에 돌담을 따로 쌓게 된다.

서귀포시 대정읍 무릉 2리의 사례를 보면, 최남단 마라도가 관처럼 바다에 떠 있어서 그것이 보이면 살이 비친다고 하여 산담과 조금 떨어진 곳에 외담으로 돌담을 쌓아 마라도가 보이지 않도록 가리고 있다. 그런 여유 공간이 없을 때는 산담 위 해당 방위에 외담을 쌓아 마라도를 가린다.

이런 새각담은 황천살(黃泉殺)을 방지하기 위한 비보 풍수적인 조치이다. 이 황천살은 양택이나 음택 모두 좌향(坐向)을 향하여 풍살(風殺)·수살(水殺)이 들어오는 경우를 말한다. 음택에서 더 중요한 것은 풍살인데, 이를 막으려면 살이 들어오는 방위에 돌담을 쌓는다. 때로는 나무를 심거나 비석을 옆으로 돌려 이를 방비하기도 한다. 흔하지는 않지만 제주 들녘의 무덤 옆에는 수종이 다른 나무가 심어져 있는 것을 볼 수 있는데, 바로 이 풍천살을 막기 위한 조치라고 볼 수 있다. 황천살에는 사로황천(四路黃泉)·팔로황천(八路黃泉)이 있다. 벌초할 때 이 나무를 베어 버려서는 안 된다.

돌담을 쌓는 방법

잡담 쌓기(외담 쌓기)

말 그대로 주위에 굴러다니는 잡담, 혹은 막돌(주위에 흔한 돌)로 쌓은 돌담이다. 지역에 따라 '막담 쌓기', '막돌 쌓기'라고도 한다. 잡담은 주로 한 줄로 돌을 올려놓는 외담 쌓기 방식을 취한다. 빌레에서 떼어 낸 상태 그대로나 원래 자연의 상태를 유지하면서 최소한의 다듬기만 취한다. 밭담, 올레담, 우영담, 통싯담 등 제주에서 가장 흔하게 볼 수 있는 돌담이다. 그러나 이 '잡담 쌓기'는 일반인의 눈에는 아무렇게나 쌓은 것 같이 보이지만 사실은 돌의 모양에 따라 귀를 물려 가며 쌓기 때문에 구멍도 적당히 생겨서 강풍에도 잘 견딘다.

외담 쌓기는 기초가 중요한데, 가장 밑에 놓는 돌을 '굽돌'이라고

잡담 쌓기

한다. 먼저 기초가 되는 땅을 잘 보고 그 땅의 특성을 살핀 다음, 돌 가운데에서 굽돌을 큰 돌로 선택하여 안정되게 잘 앉힌다. 그 다음 돌의 모양을 잘 보고 알맞은 돌을 골라 돌끼리 서로 물리도록 쌓는다.

잘 쌓은 돌담은 돌 한 개만 무너지는 것이 아니라 한 부분이 함께 몰아진다. 이 '몰아진다'라는 표현은 돌담이 무너질 때 자주 쓰던 말로, '무너진다'는 뜻이다. 과거에 어른들은 밭이나 들에서 아이들에게 "담질홀 때 몰아지게 말앙 괴양 넘으라(돌담을 넘을 때 무너지지 않게 조심히 넘어라.)."라는 표현을 자주 썼다.

외담은 돌을 한 줄로 올려 쌓는 방법이라 전술했다. 무덤에 쌓는 외담의 산담인 경우 높이는 30~60cm 가량 된다. 봉분의 모양을 따라서 산담 앞은 직선으로 시작하여 반원을 그리면서 한 바퀴 돌면서 쌓는다. 주위의 잡석을 이용하여 무덤으로 표시할 정도만 간단히 쌓은 것이다. 이런 산담은 연고자가 없거나 경제적으로 가난한 사람들, 특히 여성의 무덤인 경우가 많다. 동자석, 상석, 비석을 세우지 않는다.

정석(正石) 쌓기

정석 쌓기는 돌을 마치 두부처럼 바르게 깎은 사각의 돌로 가지런하게 쌓은 돌담을 말한다. 이를 '바른돌 쌓기'라고도 한다. 정석담은 공공 건물인 관아나 향교 건물에 많이 적용되고 있으며, 주로 품위와 정성이 들어가야 하는 곳에 쌓는 돌담이다. 사자를 위한 울타리인 산담에도 정석으로 쌓은 돌담을 자주 볼 수 있다.

제주의 석공들은 정돌, 혹은 바른 돌로 쌓은 돌담을 '일자담' 혹은 '줄담'이라고도 한다. 주로 관청의 축담으로 쌓는데, 1970년대는 무덤의 치장을 위해 일자담 쌓기를 많이 선호했다. 일자담은 정석으로 가지런하게 '일자(一字)'로 놓고 그 위에 다시 정석을 올리며 쌓는 데서 붙여진 이름이다. 일자담은 석공의 정성이 많이 들기 때문에 하루에 숙련 석공 1인이 겨우 10개 정도의 돌을 깎을 수가 있다. 세로 25cm, 가로 30cm 정도의 크기 1개당 현재 약 8,000~9,000원의 가격이 소요된다.

1970년대 제주에는 재일 제주인들에 의해 산담과 비석을 세우는 것이 호황이었다. 재일 제주인은 일제 강점기에 징용을 가거나 도항을 간 사람들로, 일본에서 살다가 오랜 만에 고향을 찾아온 사람들이다. 일본에서 경제적인 기반을 잡고 막상 고향에 돌아와 보니, 세월

정석 쌓기

은 어느 새 훌쩍 흘러 부모님은 이미 돌아가신 후였다. 슬픔의 시간
도 잠시, 재일 제주인들은 효도할 길이 없는 터에 부모님의 산소에 산
담을 해드리는 것이 효도라 생각하여 너나 할 것 없이 새 비석과 새
산담을 정갈하게 하는 것으로 효행의 위안을 삼았다. 이때 산방산,
걸새오름 조면암으로 비석과 동자석이 대량 만들어졌고, 일자담으로
산담이 많이 축조되었다.

접담(겹담) 쌓기

'겹담'이란 돌을 두 개 맞물려 쌓거나 여러 겹으로 쌓는 돌담을 말한
다. 산담의 겹담은 약 1∼1.8m 정도의 넓이로 양옆 자연석이나 약간 다
듬은 돌로 돌담을 먼저 쌓은 후, 안에서부터 올려 쌓으면서 균형을 맞
추고 밖을 완성하여 중간에 빈 곳을 잔돌로 메우는 방식이다. 빈 공간

을 채운다고 하여 '배채움잣'이라고도 한다. 주로 관청의 울담이나 잣담·본향담 돌담은 두 개를 물려 쌓는 방식이 많고, 성담· 원담·포구담은 여러 겹으로 넓게 돌담을 쌓는다. 겹담은 비용이 많이 든다. 산담인 경우 경제적으로 풍족하거나 권세가 있는 집은 크고 우람하게 쌓는다. 산담의 기념비성이 드러나는 부분이다.

겹담과 외담 섞어 쌓기

바닷가 마을인 경우 겨울 북서풍을 막기 위해 돌담을 높이 쌓을 때 택하는 방식이다. 가령 돌담의 높이가 2m가 넘을 경우 외담으로만 쌓게 되면 무너질 위험이 크다. 그래서 돌담 절반 정도는 겹담으로 쌓다가 다시 그 위로 겹담의 길이에 가까운 크고 긴 돌을 눕히면서 외담으로 올려놓아 쌓는 방식이다. 이는 두 가지 효과를 볼 수 있

하단부는 겹담 쌓기, 상단부는 외담 쌓기

다. 높은 돌담을 견고하게 하고, 높은 돌담을 쌓을 때 여러 겹을 놓은 겹담을 딛고 돌담을 올려놓을 수 있도록 사다리 역할도 한다. 우도의 해안가 돌담이나 해안 마을의 높은 돌담이 이 공법으로 쌓았다. 해안 마을은 월파(越波)의 위험이 있기 때문이다.

잣굽담 쌓기

큰 돌과 잔돌이 있을 때 잔돌 처리를 위한 돌담 쌓기 방식이다. 돌 처리 방법이 매우 독특하다. 우선 아래쪽에 잔돌로 넓게 어느 정도 층을 이루도록 올려 쌓은 다음, 그 위에 큰 돌을 올려놓는다. 큰 돌부터 밑에 놓고 쌓기 시작하면 반대로 잔돌 처리가 어렵기 때문에 잔돌로 기초를 만든 것이다. 경사진 밭이나 작지(잔돌)가 많은 밭, 물이 잘 고이는 올레(골목)의 돌담에 흔히 보인다. 기능적으로 경사가 있는

잣굽담 쌓기

지형의 물이 천천히 잘 빠지도록 한 것이다. 이 돌담은 잔돌로 넓게 깔다 보니 기초가 튼튼하고 보기도 좋다.

정치(犬齒)담 쌓기

'정치담', '경치담'이라고 하는데, 일제 강점기에 일본인들이 쌓던 돌담이다. '정치'나 '경치'라고 일본인 석공에게서 배운 제주의 '돌챙이(石工)'들이 불렀던 와음(訛音)으로, 다이아몬드 식으로 꼭 끼어 쌓는 방식인데, 일명 '견치(犬齒) 돌담'이라고 한다.

이 견치 돌담은 잘 다듬은 사각형의 돌을 사선으로 꼭 맞게 붙여 정교하게 쌓는데, 비가 많이 오고 지반이 약한 곳일 경우 기초가 흔들려 돌담 중간으로 무너지기 십상이다. 20C에 주로 축조된 이런 견치 돌담은 경관 면에서나 바람 많고 비가 많이 오는 제주도의 기후 조건과 자연에는 잘 어울리지 않는 돌담의 형태라 할 수 있다.

돌을 개 이빨처럼 다듬어서 보이는 쪽은 마름모 형대이고, 흙에 막히는 쪽은 소위 개 이빨처럼 날카롭다. 흙이 무너지지 않도록 축담을 쌓을 때의 방식이다. 안 보이는 날카로운 쪽을 흙속에 물리고 밖으로는 마름모형 돌들이 서로 꼭 끼어 틈새가 없게 쌓는다. 제주의 석공들은 '견치 돌담은 흙벽에 박는 돌'이라고 하여 '박아담'이라고도 부른다.

견치 돌담은 일본 본토나 오키나와 등지에서 흔히 볼 수 있는 돌담이다. 일제 강점기에 유입되어 전국적으로 성행했는데, 지금도 도로 양편 절개지의 축을 마무리할 때 자주 이용되는 돌담 쌓기 방식이다. 그러나 비가 많이 오는 제주의 지형에는 이 견치 돌담이 부풀려 터지

견치담 쌓기

면서 무너지는 약점이 있다.

잣벡담 쌓기

크고 작은 자갈을 벽처럼 쌓아올리다 보면, 자갈돌이 많기 때문에 폭이 넓게 되면서 하나의 성처럼 커다란 형체를 이루게 된다. 밭에서 나오는 자갈들을 올리고 또 올려 쌓아야 하므로 담의 길이는 계속 늘어난다. 크고 작은 잔돌이라는 점 때문에 한꺼번에 쌓을 수도 없다. 시간이 지나면서 지속적으로 그때그때 일궈 낸 돌을 처리해야 하므로 석공에게 의뢰하여 쌓기도 않는다. 잣벡담은 경작자나 그 가족들이 해마다 조금씩 쌓는 과정에서 탄생한 돌담이다.

잣벡담 쌓기

제주의 돌챙이, '석장(石匠)'

　제주도에서는 석공을 일러 '돌챙이'라고 하는데, '석장(石匠)'에서 유래한 제주어의 변음(變音)이다. 돌챙이[石匠]의 다른 한자 표기로는 '석공(石工)', '석수(石手)'라고도 한다. 이들이 하는 일을 '돌일'이라고 하는데, 이 돌일은 밭담 쌓기, 집과 울타리 축담(築垣), 축성(築城), 비석 제작, 무덤 석상 제작 등의 일을 말한다. 대개 석공은 집을 지을 경비가 없어 돌집을 손수 지으면서 손재주를 스스로 안 사람, 집안이 가난하여 농사일보다 일당이 좋아 석공이 된 사람, 석공을 따라다니면서 배운 사람, 산담접에 참여하면서 돌일을 한 사람 등으로 말할 수 있다. 돌일은 도급제(都給制 : 일본 말로 우게도리)와 역시계[役事契]에 의해 진행된다. '우게도리'는 능숙한 석공이 여러 명을 데리고 다니면서 산담이나, 축담, 돌담을 쌓는 일을 통째로 맡는 방식이다. '역시계'는 산담접과 비슷한 조직으로, 한 마을에 두 개 정도 필요시 움직이는 아마추어 조직이 있다. 이들은 주로 건장한 청년들로 구성되는데, 대사가 있을 때 협동하며, 산담을 쌓을 때 일정 금액을 받고 돌담을 쌓는다.

　제주도 돌챙이에 대한 기록은 매우 귀하다. 18C 초, 이형상 목사의 저술인 『남환박물(南宦博物)』에 "공방(工房)의 각 공장(工匠)은 448명이다."라는 기록이 있으나 공장의 종류는 세부적으로 명시돼 있지 않다. 하지만 448명의 공장(工匠) 속에는 분명 돌챙이[石手]가 포함돼 있었을 것으로 추정된다.

　19C 중반 제주영(濟州營)에 소속된 돌챙이의 수는 『탐라영사례(耽

羅營事例)』「반액(班額)조」에 '석수(石手) 7인'이었고, 그보다 몇 년 늦게 발행된 『탐라사례(耽羅事例)』에는 3인이 더 늘어난 '석수(石手) 10인'으로 기록돼 있다. 이 수치는 제주영에 소속된 공식 장인들의 숫자로서 이들은 제주영(濟州營)의 돌일들을 주로 담당했다. 그러나 돌이 많은 제주도 전체로 볼 때, 돌을 다루는 아마추어 석공들이 꽤 많이 있었으며, 그들은 주로 민간에서 문·무인석과 동자석, 비석을 만들거나 집담·밭담 쌓기 등 여러 가지 유형의 돌일을 담당했다.

무덤의 석상을 만들었던 마지막 석장(石匠)은 고흥옥(高興玉, 1921~2007)이다. 아명(兒名)은 '고선입'으로, 고흥옥은 사망 직전까지 제주시 조천읍 함덕리에 살았다. 돌일을 하다가 나이 들어 관절이 아파 그만두었다. 그는 20살 넘어 자신의 집을 지을 때부터 돌일을 시작했는데, 처음에는 돌 깨는 일을 하다 4·3 이후 돌담을 쌓았다. 그러던 중 마을 사람의 주문으로 동자석을 만들기 시작했다.

그는 동자석이나 문인석 만드는 법을 누구로부터 배운 적이 없었고, 또 제주에서 배울 사람도 없었다. 순전히 눈으로 감 잡아 만들었다. 1950년 이전에는 돌 깨는 일당은 3원~4원 50전, 1960년대가 돼야 10원의 일당을 받을 수 있었다. 그래도 농사짓는 것보다 돌일이 더 수입이 좋았다.

처음 동자석을 만들 때에는 동네 바닷가인 제주시 조천읍 함덕리 '당디(고냉이 성창)'라는 곳에서 생돌을 캐어 쓰다가, 인근 마을 북촌리 '빌레두리'라는 곳에서 돌을 채취해 석상을 만들기도 했다. 또 현무암은 무거워 운반하기가 어렵기 때문에 훨씬 가벼운 '속돌'을 캐어다가 석상과 상석, 비석 받침대를 만들기도 했다. 속돌은 우진재비

오름, 검은 오름 분화구 주변에서 캐었다. 고홍옥이 만든 동자석과 문인석, 망주석은 제주도 동부 지역 무덤에 많이 세워졌다. 제주시 민오름 남쪽 기슭의 무덤, 영곡공파 선조 무덤, 함덕리 마을 주변의 무덤에서 석장 고홍옥이 만든 무덤 석상을 흔히 만날 수 있다.

고홍옥이 만든 동자석은 각주형(角柱形)에 민머리를 하고 홀을 들고 있다. 어깨에는 직선의 띠를 새겼다. 옷깃은 직선으로 처리하여 단순하고 간결한 맛이 난다. 1980년대 이후 장묘 제도의 변화로 동자석을 세우는 사람이 없어 더 이상 동자석을 만들지 않았다. 그는 2007년에 작고했다. 지금은 돌하르방과 동자석을 모방하는 석재사들이 더러 있으나 옛 석상처럼 창의적이거나 운치가 없이 그냥 옛 석상을 모방하는 수준이다.

그 외에 제주의 석공으로는 장공익·송종원·이재수·강승도·임영석·정상헌·강영택 선생 등이다. 제주의 마을에는 전문적으로 돌일만 하는 석공이 있었는가 하면, 비석을 만드는 석공, 산담접을 만들어 돌담을 쌓았던 이름 모를 석공들이 많았다. 하지만 지금은 일이 힘들고 일거리도 줄어들면서 돌일을 계승하려는 사람들도 점점 없어져 사양길에 접어들었다. 그러다 보니 석상을 만들 줄 아는 사람도 맥이 끊어졌고, 돌담을 쌓는 것도 전통에서 벗어나 있다. 오히려 도로 공사 현장에는 일본식 견치담으로 축담을 쌓고 있을 정도다. 밭담이나 산담은 조경용이나 도로 매립용으로 실려 가고, 그 자리에는 건성으로 쌓은 어설픈 돌담이 이빨 빠진 채 불안하게 서 있다.

고흥옥 석공의 생전 모습

강영택 석공

밭담을 보수하고 있는 석공

돌담의 길이

그렇다면 지금까지 축조된 제주도의 돌담의 길이는 얼마나 될까? 1930년에 부산상공회의소가 발행한 『제주도의 경제』라는 책에는 돌담의 길이를 측정한 내용이 있다. 이 책은 우에다 코오이치로(上田耕一郎)라는 사람이 제주도에 3주간 체류하면서 '될 수 있는 대로 보고, 될 수 있는 한 듣고 알게 된 것'을 모아 펴낸 책이다. 특히 그가 기록한 풍속에 관한 글 가운데 돌담의 길이에 대한 내용이 있어 흥미롭다. 돌담의 길이를 어떻게 산출했는지는 알 수 없지만 첫 시도라는 점에서 선구적이다.

우에다 코오이치로에 의하면, 제주의 돌담은 "대(垈)·전(田)·목

흐르는 선과 같은 긴 돌담

장·분묘에 1구획마다 높이 1~2m의 화산암의 돌담을 두르고 있는데, 그 총 연장 합계는 9900리(1리는 일본 도량형으로 4km)에 이르는 것으로 산정(算定)된다."고 하였다.

제주의 들녘을 온통 가로줄과 세로줄, 그리고 자유 곡선 등으로 대지에 그려 놓은 돌담의 검은 선에 놀라지 않을 사람이 몇이나 있을까? 하지만 돌담은 한라산 이북 지역을 위시한 밭농사 지역을 중심으로 몰려 있는데, 그것도 도로 개발과 관광 개발로 인해 수많은 캣담과 밭담·돌담이 사라졌다. 한라산 이남 지역 또한 원래 밭농사 중심이었으나 1950년대 중반 이후 감귤 과수원이 확산되고 관광단지, 골프장, 비닐하우스 농장이 들어서면서 많은 돌담이 급격히 사라졌다.

돌담의 지역적 차이

자연 경관과 문화 경관

제주의 경관을 지배하고 풍토를 가장 잘 표현하고 있는 것은 돌담이다. 경관을 크게 자연 경관(Natural landscape)과 문화 경관(Cultural landscape)으로 분류할 수 있는데, 칼 사우어(Carl O. Sauer, 1889~1975)의 표현대로 자연 경관은 긴 시간에 걸쳐 변화하는 기후·토양·하계망·지하자원·해안·식생 등의 총체적 경관을 말하며, 문화 경관은 이렇게 천천히 변하는 자연 경관에 사람의 손길이 닿아서 형성돼 나타나는 경관을 말한다. 즉 인구, 가옥, 경작지, 도로 등의 요소들의 유기

체적 총합(Organic whole)이 문화 경관이라고 할 수 있다.

블라쉬(P. Vidal de la Blsche)는 사람을 중요한 지리적 인자로 규정하였다. 인간의 힘은 자연적 조건을 변화시켜 경제적 조건을 새롭게 만듦으로써 환경을 지배하게 되었다.

블라쉬는 환경 속에서 살아가는 인간들의 관계에 초점을 맞추고 있는데, 이를 위해 작은 동질적인 지역 연구를 중시 여겼다. 블라쉬는 특정한 장소의 환경과 인간의 관계를 둘러싸고 있는 자연적, 역사적, 사회적 영향력이 통합되어 나타난 결과가 바로 생활양식(Way of life)이라고 보았다. 그러나 블라쉬는 동일한 자연 환경이라도 생활양식이 다른 사람에게는 그 환경 또한 다른 의미를 갖는다고 했다. 이를테면, 같은 제주도에서도 중산간 지대에서 목축을 주로 하는 사람

돌담 너머 보이는 도시

들과 해안에 사는 해안 마을 사람들의 돌담에 대한 인식이 다른 것도 주어진 환경에 따른 생활방식이 다르기 때문이다. 즉 목축을 주로 하는 사람들의 돌담에 대한 인식은 마소를 잘 키우기 위한 울타리 개념을 위주로 생각하게 되며, 해안 마을 사람들의 돌담에 대한 인식은 어로·해산물 채취·파도의 방벽 등 바다를 중심으로 한 삶의 패턴을 유지하게 되는 것이다. 예를 들어 마을 공동 목장과 밭을 경계 짓는 돌담을 볼 때 같은 돌담이라도 목축 위주의 삶을 사는 사람들은 그것을 캣담이나 잣담으로 생각하지만, 농부 입장에서 보면 그것은 당연하게 밭담으로 생각하게 된다는 것이다.

돌담의 지리적 의미와 문화·생산적 의미

먼저 석재로서 돌이 갖는 의미는 지리학적 의미와 미학적 의미로 구분하여 생각할 수 있다. 먼저 지리학적 의미를 말하자면, 주거지나 생활과 관련하여 건축에 돌을 어떻게 사용했을까 하는 것이다. 특히나 제주는 온 섬이 현무암 산지라는 점에서 가옥의 건축과 경제적 생산, 신앙과 의례 및 일상생활과 관련된 축조물을 살피지 않을 수가 없다.

가옥은 비바람을 견디고 기온을 조절할 수 있도록 석축을 쌓아 제주 환경에 적응하도록 만든다. 석공의 장비 또한 돌을 다듬는 족은 메(작은 망치) 정도의 기초적인 도구를 활용할 뿐이다. 전통 초가의 규모로 볼 때, 돌은 주변에서 쉽게 구할 수가 있었지만 도구나 석공 기술의 제약으로 인해 대형 건축물이나 토목 공사는 불가능했다.

또 풍토적으로 바람과 비가 많은 까닭에 다른 재료로 외부 구조를

만들기에 부적합해 돌을 사용할 수밖에 없었다. 나무는 집의 기둥이
나 정지문, 대문(제주에서는 마루문을 대문이라고 한다.), 마루, 방문 등
내부의 재료로 쓰였다. 민가의 석축은 거의 자연석에 가까울 정도로
조금만 다듬은 돌을 사용하며, 바람 구멍을 막기 위해 그 돌벽에 보리
짚을 섞은 진흙을 안팎으로 바른다. 집 둘레 또한 자연석을 이용하여
울타리를 쌓는데, 그 돌담은 자연스럽게 바람이 빠지면서 약화되도
록 일부러 돌구멍을 남긴다. 돌담의 모양 또한 바람의 방향과 강도를
생각하여 높낮이를 조절하면서 몰려 오는 바람이 쉽게 비켜 갈 수 있
도록 외담으로 쌓으면서 유연하게 곡선을 이루도록 했다. 이와 같이
초가, 올레, 밭, 해안의 총체적인 경관은 제주의 사회, 풍토적인 생산
력과 긴밀하게 연결되었다.

경제적 생산을 위해서는 농업용 돌담과 목축용 돌담, 어로용 돌담
을 쌓는다. 신앙을 위해서는 돌담을 둘러 특별히 신성한 장소임을 나

모래밭에서 잘 자라는 당근을 캐는 제주도 사람들

타내며, 사자(死者)를 위해서는 산담을 둘러 무덤을 보호한다. 일상 생활과 관련해서는 해안가 용천수대(湧泉水帶)에 식수터와 노천 목욕탕을 만들었다. 여탕에는 음용수·빨래·목욕을 겸하도록 하고, 남탕은 목욕만을 위해 여탕과 경계를 지어 돌담을 쌓는다. 어떤 마을은 여성 목욕탕은 식수터 가까이에 두면서 남자 목욕탕은 거리를 약간 두고 만든다. 이는 여성들이 목욕한 후 허벅에 물을 길어 가도록 배려한 것이다.

돌담의 미학적 의미는 돌의 사용에 따라 달리 말할 수 있다. 돌은 인공(人工)으로 모양을 낸 돌이 있고, 자연재 자체인 돌이 있다. 자연석을 쓰는 민가와는 달리 관청이나 향교의 석축은 다듬은 돌을 많이 사용하는데, 사각형의 정석(正石)이 그것이다. 사각형의 정석을 쌓은 돌담은 자연석의 현상적 아름다움보다는 정갈하고 단정한 느낌을 주기도 하지만 인위적이고 딱딱하고 차가운 분위기를 풍긴다. 그러나 민가의 돌담이나 밭담은 자연석을 그대로 사용하거나 최소한 사람의 손길이 줄어서 소박하면서도 자유분방한 느낌을 준다. 사람이 쌓은 돌담임에도 불구하고 자연석 자체가 주는 현상의 아름다움은 평범한 제주 사람들의 미적 감성을 잘 보여 준다. 돌담을 쌓는 사람들의 미적 행위는 감성이나 직관에 의한 것이어서 주변의 자연 환경과 잘 어울리는 경향이 있다.

거미줄처럼 마을과 들판을 흐르는 돌담의 선들은 그야말로 사람과 환경이 결합하여 만들어 낸 대지와 시간의 작품이다. 현재 우리가 보는 대개의 돌담 경관은 과거 농민들에 의해 만들어진 돌담이다. 농민들의 특성은 생산을 늘리되, 소비는 줄이는 데 있다. 경제적으로 보면 돌담은 바로 생산을 늘리려는 농민들의 눈물 겨운 노력이다. 오로지 생산을 위해서는 밭을 확장해야 하고, 바람의 피해를 줄이고 마소로부터 농작물 피해를 막고자 돌담을 쌓아야만 했다. 또 농민들은 밭담 쌓는 경비를 아끼기 위해 스스로 밭담을 쌓았다.

사자의 돌담이라고 부르는 산담에도 사람들의 미의식이 배어 있다. 산담의 육중한 형태미와 아름다운 곡선의 구조미는 이승에 남은 사람들이 영령을 위해 마지막 베푸는 숭고한 미적 행위라고 말할 수 있을 것이다.

진정 돌담을 말할 때 생태 관광자원이니, 문화자원을 먼저 생각하는 것은 근본을 무시한 위험한 발상이다. 돌담은 1차 산업이 만들어 낸 풍토적·생산적인 축조물이어서 1차 산업이 붕괴되면 돌담도 같이 역사 속으로 사라지고 말 것이다. 모든 산업이 서로 조화롭게 상생한다면 산업의 창의성이 되살아난다.

제주의 곳곳을 보라. 사적 점유가 늘면서 관광 서비스업이 기세를 부리고 있지만 정작 그 관광의 기초가 되는 1차 산업은 살아날 기미를 보이지 않는다. 마을 살리기는 마을을 디자인해서 살아나는 것이 아니라 마을의 산업이 부활해야 되는 것처럼, 돌담의 보존 또한 농업의 튼실한 기반 아래 성장을 도모할 때 대를 이어 가며 자연히 보존될 것이다.

지역마다 다른 돌담

인간이 환경에 적응하면서 문화가 탄생한다. 제주의 돌담도 인간과 환경의 교호 작용이 아닌가. 한 지역이지만 그 지역 내 돌담의 모습은 다양하게 나타난다. 제주가 현무암 지대지만 위치에 따라 돌담의 형태가 다르게 나타나는 것은 화산 폭발에 따른 돌 재질의 차이와 해안, 중산간, 산지 등 주변 입지 조건 때문이다.

조면암 지대인 경우 조면암으로 돌담을 쌓거나 붉은색 용암이 발달한 지역에서는 그것으로 돌담을 쌓는다. 또 산간 마을과 해안 마을, 그리고 주변의 건천(乾川)이 있는 마을의 경우가 다르고, 우도나 가파도와 같은 작은 섬인 경우도 그곳에서 쉽게 얻을 수 있는 돌을 이용해서 돌담을 쌓는다. 이것은 매우 자연스러운 일이다. 토산재를 이용하여 축조하는 행위는 세계의 공통적인 현상이다. 고립된 지역일수록 토산재는 생존을 위한 생활에 적극적으로 이용된다.

산방산은 제주의 서남부 지역에 있는 산으로 대표적인 조면암 산지이다. 산방산 주변 밭담이나 산담들은 회갈색의 조면암으로 쌓았다. 이 지역 돌담들은 자연 풍화된 조면암과 비석을 만들 때 다듬다 남은 돌 조각을 이용하여 쌓았다. 산방산에 굴러 내려온 조면암 파편들이 산방산을 중심으로 반경 약 300m 사방에 널려 있으며, 농민들은 이 돌들을 이용하여 밭담과 산담을 쌓았다.

가파도의 돌담은 조면질 안산암으로 이루어졌다. 조면질 안산암은 밝은 누런빛을 띠는데, 햇빛을 받을수록 반사돼 희게 보인다. 이 섬은 사방이 트인 홀로 된 섬이어서 바람이 세게 부는 북서쪽의 돌담을 높게 쌓았다. 가파도의 돌담은 해변의 돌들을 이용한 까닭에 파도에 의해 둥글어진 돌로 쌓았다. 산담도 마찬가지로 해안의 조면암을 이용해 조성했다.

해변의 돌로 쌓은 가파도 돌담

　서귀포시 예래동, 조천읍 신흥 돌담이나 제주시 내도 마을의 돌담은 바다에서 올라온 둥근 현무암으로 쌓았다. 이 지역의 돌들은 거친 파도에 의해 현무암 표면이 다듬어져 몽돌처럼 반들거리는 것이 특징이다. 내도의 가까운 부근의 외도천은 우기에 한라산으로부터 물이 불어 급속히 흐르는 지역이다. 이곳의 돌들은 빠른 유속 때문에 모두 둥글게 되었고, 윗마을에서 물과 함께 쓸려온 돌들이 많아서 다양한 잡석으로 이루어졌다. 그런 돌들을 일명 '냇돌'이라고 한다. 이 주위의 돌담들은 이 냇돌이나 해변의 몽돌을 이용해 돌담을 쌓았다.

　제주시 송당, 세화, 선흘 등지나 곶자왈 주변의 돌담들은 붉은색, 또는 회청색 용암석으로 돌담을 쌓았다. 이 돌들은 화산 분출 시 송이와 함께 분출된 쇄설물들이다. 돌의 무게가 다공질 현무암에 비해 가볍고 표면이 거친 것이 특징이다. 이 돌의 산지 주변에서 붉은색과 회청색 용암석의 밭담, 산담을 쉽게 접할 수 있다.

제주시 구좌읍 동복·김녕 지역의 돌담들은 경작지, 마을, 해안에 투물러스(거북등 모양으로 부푼 암반)가 발달해 있어서 그것에서 떼어 낸 돌로 쌓았기 때문에 각진 것이 특징이다. 이 돌들은 주상절리층을 30~40cm 정도 자른 것같이 짧은 기둥 형태를 이루는데, 이 돌로 돌담을 쌓으면 돌들이 서로 잘 물리게 돼 매우 견고하게 된다.

제주시 애월읍 봉성이나 귀덕 지역에는 잔돌들이 많아 잔돌을 촘촘히 쌓은 잣담이 발달해 있다. 마치 낮은 성처럼 둔탁한 괴체로 길게 쌓은 이 돌담 위에 길이 있어서 길 안쪽 밭으로 갈 때 통행로로 쓰인다. 이렇게 잣질이 많은 동네 이름을 '잣질 동네'라고 부르는 곳도 있다.

우도의 돌담

우도는 지형이 꼭 누운 소 모양 같다고 하여 붙여진 이름이다. 풍수지리로 보아 와우형(臥牛形)인 까닭이다. 우도는 동남쪽 쇠머리 오름 정상이 해발 132.4m로 가장 높고, 다른 곳은 대부분 해발 30m 이하로 비교적 평평한 편이다. 제주 섬 속의 섬 가운데 가장 아름다운 섬으로 평가받고 있다. 섬 어디를 가나 아기자기한 풍경은 실로 아름다우며, 우도에서 보는 제주 본섬의 경관은 감탄을 자아내게 한다.

우도의 해안 돌담은 13km나 된다. 북쪽 지역의 돌담 높이는 무려 3m가 넘었다. 섬이 다 그렇듯 바다 한가운데에 있는 우도는 바람을 막기 위해서 돌담을 높이 쌓았다. 밭을 일구고 씨앗을 뿌리면 그 씨앗이 바람에 날리지 않게 높은 돌담을 이용하는 것이다. 그러나 돌담을 높게 쌓는 것이 문제다. 외담인 경우 어른 키를 넘기면 불안하다. 그래서 어른 키 이상의 돌담은 겹담으로 쌓아야 한다. 겹담으로 쌓는 이유는 높이 쌓아야 하고, 또 돌이 둥글어 외담으로 귀를 맞추기가 어렵기 때문이다.

우도의 겹담은 먼저 하단 부분을 넓게 겹으로 차곡차곡 쌓아 올라오면서 점점 좁아지게 쌓는다. 돌담은 높이 올라갈수록 쌓기가 힘들기 때문에 돌담 안쪽으로 층을 만들어 그것에 올라서면서 윗돌을 계속 올려놓는 방식으로 쌓는다. 돌담은 주위의 돌을 이용했는데, 해안가의 돌이나 개간 시 밭에서 나온 돌로 쌓았다.

현재 우도의 돌담 중 장관을 이루는 돌담은 '상고수동 돌담'이라

우도 입경 초입에 쌓은 3m 높이의 돌담

고 할 수 있다. 파평 윤씨의 집안의 이야기는 우도의 돌담을 이해하는 데 중요한 단서를 제공한다. 윤석송·윤석우·윤길수 형제들의 증언에 의하면, 현존하는 상고수동 돌담은 자신의 중조부 4형제 중 한 분이 쌓았다고 한다. 우도 설촌 초기인 약 160여 년 전에 세화리에 살던 고조모가 남편을 여의고 홀몸으로 4형제를 이끌고 우도에 들어와 정착을 했는데, 그 아들 4형제 중 한 분이 주동이 돼 상고수동 돌담을 쌓았다고 자신의 아버님께 들었다고 했다. 당시만 해도 우도의 해안에는 소라와 전복이 썩는 냄새가 날 정도로 생물이 많았고, 높은 돌담을 쌓기 위해서 해안가의 돌 고망(구멍)에서 토종 고기를 소살로 쏘아 잡아먹으면서 힘든 돌일을 했다. 되도록 돌담을 높이 쌓은 이유는 오로지 곡식을 마련해야 작은 섬에서 살 수 있기 때문에 생존을 위해서 조금이라도 더 높게 쌓았다고 한다. 높이 쌓을수록 밭 멀리까지 바람을 막을 수 있다. 우도 농업사의 한 단면을 보여 주는 상고수동 돌담은 오늘날 아름다운 우도 보리밭 풍경을 낳게 한 것이다.

우도의 옛집들은 나지막한 돌집들이다. 구불구불한 돌담의 올레를 만들고, 지붕이 겨우 보일 정도로 높게 쌓은 돌담, 가뭄의 공포 때문에 물을 확보하기 위한 노력은 실로 우도의 눈물겨운 개척사에 다름 아니다.

돌담을 쌓는 조직 계(契)와 접(椄)

계는 지역에 따라 '제', '접'이라고도 부른다. 계는 힘든 일을 여럿

이 모여 해결하고자 하는 오랜 공동체 정신의 발로이다. 돌담과 관련된 계는 역시접〔役事接〕, 캣담계(목축), 산담계(장례), 원담계(어로) 등이 있다. 역시접은 농번기에 협동하여 계원들의 농사일을 때에 맞춰 수확하고, 농한기에는 산담·밭담·출(꼴) 장만 등 타인의 일을 해 주는 수익사업을 한다. 캣담계는 야산에 방목한 우마로부터 밭작물을 보호하기 위해 마을에서 향약을 만들어 운영하는데, 강정 마을인 경우 마을 전체가 캣담계 조직이다. 산담계는 돌 쌓는 일을 잘 하는 사람들로 구성하여 산담이나 밭담 쌓는 일이 들어오면 약정된 금액을 받고 그 일을 해내는 조직이다.

원담제는 마을 원담을 공동 축조하게 되면 원담 내 고기잡이는 마을 주민 누구나 잡을 수 있다. 태풍이 불어 원담이 무너지게 되면 마을의 건장한 청년들이 자발적으로 원담을 보수한다.

계의 조직은 마을 전체 단위의 계를 빼고, 인원은 최소 6인에서 13인 정도다. 조직의 대표격인 집강과 총무격인 소임을 두고 일을 하며 수익은 균등 분배하고, 연말이면 결산 시기를 맞춰 소나 돝(돼지) 추렴을 해 보신한다.

1926년 일제 강점기의 제주도 계의 총수는 119개였으며, 세부적으로는 부조를 목적으로 한 것이 17개, 산업을 목적으로 한 것이 98개, 금융을 목적으로 한 것이 4개였다. 오늘날에는 산업의 변화에 따라 돌담, 산담, 장례식 관련 계는 점점 사라지고 있지만, 여전히 시대에 맞는 새로운 계들이 생겨나고 있다.

사자(死者)를 위한 돌담

기념비적인 돌 문화, '산담'

돌담은 제주만이 연출해 낼 수 있는 가장 독창적인 경관을 이루는 것으로, 지형에 어울리는 풍토적인 장관을 이룬다. 돌담이야말로 가장 제주다운 경관을 품고 있어서 보는 이를 놀라게 한다. 돌담에는 밭을 보호하거나 소유의 경계를 짓는 밭담이 있고, 집 안으로 몰아치는 강풍을 막기 위해 쌓은 집담과 올레담, 그리고 음택의 울타리인 산담으로 구별할 수 있을 것이다. 이런 돌담들은 생활 속에 자리 잡은 석상(石像), 석구(石具)와 함께 특이한 제주의 돌 문화를 보여 준다.

하지만 제주의 돌 문화에도 삶의 영역과 죽음의 영역이 동시에 있다. 그러나 항상 삶의 영역은 죽음의 영역과 관계를 가질 때만 서로가 더욱 명확해지는 것이 진리라면 진리다. 말 그대로 죽음의 영역은 삶의 언저리에 늘 존재하는 것으로, 삶의 영역에서는 죽음의 영역을 볼 수 있으나 죽음의 영역에서는 삶의 영역을 볼 수 없는 것이 현실적인 상태이다. 그러므로 삶의 영역에서 죽음을 바라보는 것은 공포의 승화일 수도 있거니와 심리적으로 존재의 무방비적(無防備的)인 체념의 요인으로 다가오기도 한다. 결국 모든 인간의 삶의 문제는 언젠

가는 거쳐야 할 죽음에 이르는 경로에서의 삶의 문제이기 때문에, 죽음에 대한 스스로의 의문이야말로 존재 스스로가 부정하든 긍정하든 늘 자신의 삶의 하이라이트로 남게 된다. 죽음의 문제는 삶의 가장 큰 문제라는 것에 새삼 놀랄 일이 아닌 것이다.

그렇다면 제주의 돌 문화를 크게 삶의 문화로서의 돌 문화와 죽음의 문화로서의 돌 문화로 나누어 보면, 보다 삶의 문화 속에서 죽음의 문화를 바라보는 시선의 폭이 넓어지게 될 것이다. 따라서 여기에서는 죽음의 문화 가운데 산담을 하나의 문화적 개념으로 확장하여 '산담 문화'라는 틀로 정리하게 되면, 제주 문화에서 산담 문화가 갖는 중요성이 새롭게 부각될 것이다. 즉, 음택 문화를 대변할 수 있는 돌 문화로서 산담을 죽음의 문화적 영역으로 독립시켜 산 자들의 '계획적인 기념비'로 살피고자 함이다. 왜냐하면 일반적으로 밭담은 밭의

경주 김씨 입도조 묘제

경계를, 잣담은 목축의 방목을, 올레담은 바람으로부터 가옥의 보호를 위한 것으로서 모두가 삶의 문화적 영역을 위한 것들이다. 그러므로 산담은 단지 돌담이라는 형태로 삶의 문화 속에 존재하는 하나의 돌담 형식에 편입될 성질의 것이 아니라, 죽음의 문화를 대변한다는 의미에서 새로운 문화적 영역으로 다루어져야 할 것이다.

제주의 산담 문화는 제주 사람들의 생사관(生死觀)의 응집체이다. 제주의 산담은 단지 돌담의 한 형식인 산담이 아니라, 산담을 경계로 하여 산 자들의 세계와 죽은 자들의 세계가 구분되기 때문에 죽음의 문화적 영역으로 확장된다. 밭이나 목장이 산 자들의 생활 영역이라면 산담은 어디에 있든 죽은 자들의 영역으로서 사자(死者)들의 공간이 되는 것이다. 그러므로 산담은 신성한 돌담이며, 이승과 저승의 경계 지대이다. 따라서 산담은 돌 많은 제주도의 독특한 문화를 형성하면서 대지 예술(Earth Art)로 승화되었다.

제주의 문화를 바람의 문화, 돌 문화, 굿 문화, 여성의 문화로 대별해 보면 제주인의 역사적인 삶의 모습을 쉽게 읽을 수 있을 것이다. 그러나 그 중에도 죽음의 문화를 이해할 수 있는 것은 바로 제주의 산과 들, 밭에 산재해 있는 **산담** 문화가 아닌가 생각한다. 앞서 기술했듯이 산담 문화는 단지 돌 문화의 한 축이 아니라 제주인의 생사관과 공간 개념, 조형성을 엿볼 수 있는 복합적인 문화적 산물인 것이다. 산담 문화는 나아가 제주인의 상·장례 의식의 축조물로서 제주인의 문화적 요인 중 가장 중요한 비중을 차지한다.

산담 문화는 제주인의 죽음의 문화를 반영하고 있다는 점에서 산 자들의 의식과 관념 형태, 철학을 엿볼 수 있는 특정 시대의 공간을 완성해 낸 것이다. 그 공간은 제주인의 삶에 얽힌 갈래를 풀어 주는 산 자들의 완성된 공간이며, 현실적으로 동시대인들과 대화하는 산 자와 죽은 자의 공존을 꾀하는 신성 영역이다. 따라서 산담 문화는 제주인의 본향(本鄕) 의식을 반영하며, 그리고 전통적인 의례를 세습해 주는 장소로서 기념비성을 상징적으로 드러내는 돌 문화의 독창적인 공간 개념으로 전환된다.

시·공간을 넘어선 대지 예술(Earth Art)로서의 산담

1960년대 중반~1970년대, 북유럽과 미국에서는 '대지 예술(Earth Art)', 또는 '환경 미술(Environmental Art)'이라는 이름으로 다양한 미술가들이 참여하여 폭넓은 미술운동을 전개했다. 이 미술운동은 두 가지 주요 관심사를 공유하고 있었는데, 첫째 미술의 상업화에 대한 반대, 둘째 60년대 이후 산업화의 폐단을 목격하면서 부상한 환경운동에 대한 지지가 그것이다. 특히 후자는 '땅으로 돌아가자(Back-to-the-land)'라는 슬로건 아래 반(反) 도시화주의를 선언하고, 지구라는 혹성에 대한 환경적인 정신적 태도를 표방했다. 그들 중 어떤 이는 도시의 현장을 조경하여 그 장소를 예전의 자연적 상태나 선사 시대의 상태로 되돌려 놓으려고 시도하는가 하면, 스톤헨지를 연상시키는 천문학적인 성향을 보여 주는 건축적인 구조물을 세우기도 하였다. 또한 고대의 무덤 봉분을 연상시키는 거대한 대지 조각을 창조

용눈이오름 무덤군(여름)

하기 위해 미국 서부의 사막에서 수톤의 흙과 바위를 파내어 창작에 활용하기도 하였다. 대지 미술가들은 직접 자연 속으로 들어가 자연 자체를 대상으로 작품 활동을 한 것이다. 특히 로버트 스미슨(Robert Smithson)이라는 사람이 '그레이트 솔트 레이크'에 바위와 소금 결정체로 450m의 길이에 달하게 축조한 〈나선형의 둑(Spiral Jetty)〉은 거대한 장관을 보여 주는 대지 미술의 대표적인 작품이다. 대지 미술가들은 점차 적극적으로 환경보호를 위한 미술운동을 전개하며 자연과 땅의 가치를 새롭게 인식하고자 했다.

제주의 산담은 제주 사람들의 미술적인 자각이 발생하기 이전, 조상 숭배사상에 의해 무덤을 보호하기 위해 만들어진 노동의 역사적 산물로서 대지의 미학이라는 개념과는 상관없이 출현한 거대한 땅의 프로젝트이다. 땅을 대상으로 수백 년에 걸쳐 충실하게 쌓아 온 이 축조물은 결과적으로 제주의 경관 자체를 바꾸어 놓았고, 제주의 조형적인 인상을 새롭게 각인시켰다. 즉, 의도하지 않은 조형물이 누대에 걸쳐 축조되면서 놀랄 만한 규모로 확대되어, 지금은 온통 제주의 들녘을 하나의 거대한 돌 조형미술관으로 만들어 놓았다. 익명의 사람들이 명멸하는 시간 속에서 전통이라는 이름으로 현무암을 가지고 땅에 그린 대역사(大役事) 산담, 한마디로 산담은 개인의 차원을 넘어선 공동체 미학의 결정체다. 개인의 창작이 개인의 시선으로 세상을 보고 개인의 언어로 표현하는 데 반해, 공동체는 공동체의 보이지 않는 윤리와 규약에 의해 공동의 실천을 통해 사회화된다. 이 실천의 사회화 과정은 당시의 상황으로서는, 그 사회를 관통하는 사상적 맥락을 넘을 수 없는 한계 속에서 표방되지 않더라도 행하지 않으면 안

되는 암묵적인 '사회적 강제성'이나 '사회적 필요성' 때문에 오늘날의 장대한 구조물을 남기게 된 것이다. 그러므로 '사회적 강제성'은 당시 정치적 흐름의 주류였던 유교의 예사상에 의해서 결정된 것인데 반해, '사회적 필요성'은 변방이라는 지리적 여건, 목축으로 대표되는 특수한 산업, 화산섬이라는 풍토적 지질성과 지형성, 변덕스런 섬의 기후, 섬사람들의 심성 등 매우 복합적인 의미가 결합되었을 것이다.

이론적 맥락에서야 산담의 출현은 숭조사상(崇祖思想) 때문이라고 간단하게 말할 수 있겠으나, 사회적 필요성이라는 면에서는 산담의 역사 과정에서 살필 수 있듯이 제주의 직접적인 현실에 기반을 둔 축조물인 것이다. 또한 이 축조물은 오랜 시간 반복되는 과정에서 미학적인 결합이 필수불가결하게 되는데 그 증거를 살펴보게 되면, 원형 산담에서 전방후원형 산담으로 변하였고, 그리고 직사각형 산담을 거쳐 부등변 사각형 산담으로 바뀌었을 것이다.

산담의 형태론적인 면을 살펴보면, 직선에서 곡선으로, 수직에서 예각으로 변화하며, 산담의 전체적인 느낌으로는 정지된 모습이 아니라 진출하고자 하는 듯 '산을 등지고 바다로 나아가려는' 역동적인 모습을 띠고 있다. 이런 의도적인 표현은 인간의 기본적 욕구인 사물을 변화시키고자 하는 욕구나 혹은, 반복되는 것에 대한 개성적 표현의 욕구를 드러내는 것으로 생각된다.

여러 가지 이유로 산담은 제주 사람들에게 있어서 무의식적인 친연성을 띤다. 500여 년의 시·공간을 넘어오면서 산담 문화를 자연스럽게 접해 왔기 때문이다. 그러기에 산담은 제주 사람들이 의도하지 않아도 조성된 대지 예술로서 그 어떤 축조물보다도 대단한 규모이며, 자연주의적인 섬의 풍토와 잘 어울리는 환경미술로 생각된다. 어쩌면 자본주의 등장으로 늦게 자각하여 시작한 서구의 대지 예술운동보다 산담은 예지한 것처럼 이미 대지를 수놓아 버렸다.

자연 환경 속에 쏙 들어앉은 산담, 계절에 따라 얼굴을 바꾸는 그 매력 속에 제주인의 삶과 문화를 기억하게 하는 건강한 동력이 있다. 제주에 찾아와 산담을 보며 놀라는 이방인의 표정 속에도 대지 예술은 환경적으로 아름답게 머물 것이다.

산담의 역사적인 조성 배경

산담은 제주 사람들이 이루어 낸 역사적인 기념물로서 화산 땅의 대지 예술(Earth Art)이자 장대 웅혼한 대지 미학(大地美學)을 탄생시켰다. 한반도에서 볼 수 없는 산담의 진풍경은 한편으로는 사자(死者)를 위한 영혼의 집으로, 다른 한편으로는 산 자를 위한 기념물(Monument)로 존재한다.

산담 조성은 돌밖에 없는 땅에서 나고 자란 제주 사람들이 조상에 대해 경의를 표할 수 있는 최대의 대역사(大役事)였다. 그렇다면 산담은 언제 만들어졌을까? 산담은 조선 초기부터 효를 실천하기 위해 무덤을 보호하려는 노력에서 시작된 것 같다. 그 최초의 산담 형태가 지금의 부등변 사각형의 산담이 아니라 비록 소규모이고 다른 형태일지라도 봉분 주변에 석축 형태든 원형의 외담 형태든 돌담을 두른 것만은 확실하다.

『세종실록(世宗實錄)』 12년(1430) 병오(9일)일의 기록은 산담과 관련된 내용임을 암시해 준다.

"제주에 사는 전 교도(教導) 양심(梁深)이 …아버지가 죽으니 여묘(廬墓)하여 예를 다하였습니다. 또 어머니를 효성으로 섬기더니 어머니가 죽자 또 여묘하려 했는데 형제 친척들이 집이 가난하니 이를 중지하라고 하였지만, 이를 듣지 않고 몸소 토석(土石)을 지어다가 무덤을 만들고, 소상·대상·담제를 한결같이 『가례(家禮)』에 의하여 지냈습니다. 청컨대 정문(旌門)하고 서용(叙用)하십시오." 하였다. 임금이 말하기를 "여묘(廬墓) 3년은 인자상사(人子常事)나 이것이 해외인(海外人)이므로 마땅히 그 효성을 정표(旌表)하라." 하니 그대로 따랐다.

또한 『세종실록(世宗實錄)』 13년(1431) 10월 갑진(13일)일의 기록도 이와 유사하다.

예조에서 아뢰기를 "제주인 부사정(副司正) 김비(金庇)는 …어머니가 죽으니 슬퍼함이 예를 넘었고, 수분(守墳)하고자 하니 형제 친척들은 가난하고, 노복(奴僕)이 없으니 그만두라고 하였습니다. 그러나 김비(金庇)는 듣지 않고, 여막에 살면서 음식 올리기를 생시와 같이 하였습니다. 그리고 몸소 토석(土石)을 운반하여 분묘를 만들고, 소상·대상·담제를 한결같이 『가례(家禮)』에 준하여 하였습니다. 향인(鄉人)들이 그 효행에 감복하였다고 합니다. 청컨대 정표하고 녹용(錄用)하십시오." 하니 그대로 따랐다.

우리는 위의 기록들을 통해서 조선 초기에는 유교식 상·장례의 지침서라 할 수 있는 『가례(家禮)』의 시행이 관리들을 중심으로 시작되고 있다는 사실을 쉽게 알 수 있다. 또한 전 교도(教導) '양심(梁深)'이라는 자와 부사정(副司正) '김비(金庇)'라는 자가 '토석(土石)을 몸소 지어다가 무덤을 만들었다'는 사실은 기록상 제주 산담의 시초라고 할 수 있을 것이다. '토(흙)'는 말 그대로 달구질을 하여 봉분을 쌓기 위한 것이고, '석(돌)'은 봉분을 보호하기 위해 에워싸는 담장을 만들기 위한 것이기에 그 규모나 모양이야 어떻든 산담은 15C부터 출현하여 오늘에 이르고 있다. 또한 점차 『가례(家禮)』에 의한 유교식 제도가 확산되고 있으며, 이를 수행하는 자는 포상과 상신의 혜택이 따르고 있다. 제주는 물 밖의 섬이라 『가례(家禮)』가 시행되는 것이 본토와는 다른 관점에서 바라보고 있다는 것을 알 수 있다.

조선 초기에 조성된 제주 방묘인 '탐라성주고봉례묘추정지(耽羅星主高鳳禮墓推定址)' 발굴 조사에서 보는 바와 같이, 방묘에 석곽을 두른 형태는 내부 토광을 보호하기 위한 것이 아니라 봉분의 경계를 짓고, 봉토가 유실되는 것을 막기 위한 것이라는 점에서 15C 산담의 초기 형태를 쉽게 짐작할 수 있을 것이다.

그렇다면 산담은 정확하게 어떤 이유에서 만들어졌을까? 다음은 산담과 직접적으로 관련이 있는 기록들이다.

돌밭에는 둑이 연결되지 않았고, 밭 끝 사방에 주먹만한 돌들을 둘러 쌓아 소와 말이 함부로 들어올까 봐 막고 있다. 밭머리에 분묘를 만들고 역시 돌을 쌓아 담장을 하였다(石田未有連陌 田頭四面聚拳石周築 以

禦牛馬亂入之患 田頭起墳 亦石築爲垣). —『남사일록(南槎日錄)』

봉분을 만들고 담장을 쌓는다. : 신분의 귀천을 따지지 않고 모두가 돌로 담장을 쌓는데, 우마와 들불을 방비하기 위해서이다(起墳築牆 : 毋論 貴賤皆築石以備牛馬野火). —『제주읍지(濟州邑誌)』「대정현지(大靜縣誌) 풍속(風俗)조」

밭머리에 무덤을 만드는데 반드시 돌로 담장을 두른다(田頭起墳 墳必石牆) —『제주대정정의읍지(濟州大靜旌義邑誌)』「풍속(風俗)조」

특히 제주의 선비 이응호(李膺鎬)가 지은 『탁라국서(乇羅國書)』「풍속(風俗)조」에는 '묘역위장(墓域圍牆)'이라는 보다 세부적인 항목이 나온다. 즉 '무덤 주위에 돌담을 두른다'는 내용으로, 산담을 쌓는 이유를 구체적으로 설명하고 있다.

무덤에 세 가지 걱정이 있으니 야화(野火)가 미치기 쉬운 것, 우마가 짓밟는 것, 경작하는 것이 점점 가까이 오는 것이니, 돌을 쌓는 것은 그 때문에 하는 것이다(墓有三憂 野火易廷也 牛馬踐觸也 耕者稍近也 石築者其所然耳).

기본적으로 산담은 무덤을 보호하기 위한 돌담이다. 조선 시대 제주에는 철(鐵)이 매우 귀하였다. 그 이유로 돌밭을 개간하는 데 필요한 농기구가 절대적으로 부족하여 황무지 경작이 쉽지 않았다. 그러나 더 큰 이유는 전 제주도가 목장지라는 사실이 농업 생산력을 저하시켰다. 이런 이유로 인해 벌판에 불을 놓아 그 재로 거름을 삼아 씨를 뿌려 거두고, 장소를 이동하는 화전(火田)이 발달했다. 제주는 예로부터 목장을 운영하기 좋은 자연적인 여건 때문에 목축산업이 발달하였다. 자연 목장이 많다 보니 그 목장의 마소(馬牛)들이 묘지의 좋은 풀을 뜯기 위해 봉분에 오르는데, 봉분은 마소의 무게 때문에 한쪽으로 기울거나 흙이 파헤쳐져 보기 흉하게 되어 자손들의 마음을 아프게 하다 보니, 마소의 침입을 방지하기 위해, 또 들판에 있는 묘지에 화전의 불이 드는 것을 막기 위한 방편으로 묘지 주위에 담장을 두르게 된 것이다. 그리고 경작지 가까이에 있는 묘지인 경우 농사를 짓는 사람이 밭을 갈 적마다 묘지의 면적을 점점 갉아먹는 것에 대비하여 돌담으로 이를 보호하는 것이기도 하다.

경작지에 무덤을 조성하는 경우는 육지에서 볼 수 없는 기현상이다. 제주에서는 지금도 이 전통이 남아 있어서 종종 자신의 밭이나 친·인척의 밭에다 무덤을 조성하고 있다. 친·인척의 밭에 묘지를 조성할 경우 무덤을 쓰는 대가로 약간의 터값을 보상한다. 이 전통에 비추어 보건데, 필자의 생각으로는 이렇게 밭에 무덤을 조성하는 것은 조상의 무덤을 거의 일상적으로 관리하기 위한 경제적 측면이 강조된 것이 아닌가 한다.

제주는 땅 속이 암반 지대다 보니 토층이 얇고 흙이 적어 바람에 씨가 날아가는 등 밭농사 하기가 힘에 부친다. 그래서 제주 사람들은 부지런히 경작지를 오가며 작물의 생장(生長)과 마소의 침입 여부를 관찰한다. 이의 유래가 "밭 돌아본다."라는 말을 낳았다. 자신의 경

작지를 탈 없이 관리하기 위해 시간이 생길 때마다 '밭을 둘러본다.'
는 뜻이다. 당연히 자신의 밭은 조상들이 물려 준 터전일 것이다. 그
밭에는 몇 대조의 조상 무덤과 또는 친·인척의 무덤도 있을 것이다.
밭에 가면 언제라도 조상들을 만날 수 있고, 기억에 생생한 조상의 무
덤을 밭 돌아볼 때 같이 돌보면 여러모로 이로운 점이 많기 때문이
다. 혹 이웃 밭에 있는 무덤에 마소라도 들었을 때는 "산에 쉐(牛)들
었저!"라고 큰 소리로 이웃에 경계하도록 알려 주기도 했다.

파종기나 수확기에 점심 식사를 하려면 먼저 조상의 무덤을 향하
여 첫술의 고운 밥으로 '코시(고시레)를' 한다. 틈틈이 밭일하다 짬을
내어 봉분 속으로 뿌리가 뻗어가는 억새나 고사리와 같은 잡초를 뽑
기도 한다. 어떤 경우든 자신의 경작지에서 자신의 조상을 일상적으
로 만나는 셈이다. 그래서 제주 사람들에게 밭은 삶과 죽음이 만나는
현장이라는 복합적인 의미가 있다. 그곳에 자신이 손수 묻은 조상이
있고, 자신이 묻힐 빈자리가 있다. 그런 면에서 밭은 삶의 현장이기
도 했지만 죽음의 끝자리이기도 했다.

이처럼 자신의 조상을 위해 밭머리 무덤에 흔하디흔한 돌로 산담
을 두르는 것은 일반적인 일이었지만, 자신의 입장에서 보면 그런 행
위야말로 오히려 당사자를 위한 사전 길닦이와 같은 것이다. 후대가
자신을 위해 그렇게 돌봐 줄 것을 기대하면서 자손들의 암묵적인 동
의를 구하는 풍습의 승계라고나 할까.

재고해 보면, 전통사회에서 묘지를 조성했던 곳은 크게 마소가 많
은 목장 지대와 화전이 가능한 들판, 그리고 경작하는 밭으로 나눌 수
있는데, 이곳들은 제주 사람들의 생활과 긴밀하게 어우러진 삶의 현장

이었던 점에서 산담이 주는 문화적 의미와 가치가 크다고 생각한다.

산담의 공간 개념

제주에서 '산담'이라고 부를 때 단순하게 봉분을 두른 축조물만을 지칭하지 않는다. 산담은 봉분과 죽음의 관념을 포괄하는 일종의 공간 지표이며, 일상적으로 찾아갈 수 있는 공간이 아니라는 점에서 시간적인 지표를 갖는다.

산 자들에게 산담은 성(聖)의 요소와 함께 금기의 요소까지 개입된다. 산담의 공간은 비공식적으로는 밭에 있다는 점에서 밭에 올 때마다 무덤 관리가 이루어지고 있지만, 공식적으로는 청명, 한식날, 벌초, 묘제 등 산 자들에게 허용되는 특정한 날을 제외하고는 함부로 찾아갈 수 없는 금기의 공간이 된다. 그래서 산담은 산 자들에게는 금기로 규정된 공간이 되며, 그 금기 사항으로 인해 일상 공간과는 분리된다.

산담의 사각형 속은 삶의 일상성과는 무관하게 죽은 자들의 자유로운 공간이다. 그러나 산담 안(죽은 자들의 공간인 저승)과 산담 밖(산 자들의 공간인 이승)을 이어 주는 신문(神門)은 전혀 다른 두 개의 공간을 이어 주는 유일한 통로가 된다. 그렇지만 그 통로는 산 자들에게 자유로운 통로가 아니다. 그 통로는 죽은 자들에게 훨씬 자유로운 통로로서, 죽은 자들은 항상 그 통로를 통해 산 자들의 세계로 올 수 있다는 관념을 내포하고 있다. 즉 산담의 신문(神門)이나 새각담의 기

마소로부터 무덤을 보호하는 산담

능으로 볼 때, 산담 외부에서 들어오는 마소·사람·불·사기(邪氣) 등을 산담 안으로 못 들어오게 막는다는 의미가 더욱 크다. 그래서 신문에는 산 자들의 집에 대문 역할을 하는 '정낭'과도 같이 죽은 자들도 '정돌'을 올려놓는 것이다.

　사실 대문은 집주인의 입장에서 보면 일종의 자유로운 통로지만 집 밖에서 집 안으로 들어오는 것들을 선별하면서 통제하는 역할을 하며, 집 안에서 집 밖으로 나가는 것은 주인의 재량이라는 점에서 언제라도 집 밖으로 나갈 수 있는 열린 통로가 된다. 그런 점에서 정돌은 죽은 자의 입장에서 보면 외부를 차단하는 정낭에 불과하지만, 산 자들의 입장에서 보면 산담은 함부로 때를 잊고 넘지 말라는 금기의 표시가 되는 것이다.

제주에서는 망자의 기일(忌日)이 되면, 살아 있을 때와 사망한 날의 분기점인 자시(子時 : 11~01시)에 제사를 지낸다. 그 제사를 제주에서는 '식게'라고 부르는데, 사람들은 '식게날'이 되면 해당 영혼은 저승을 떠나 이승으로 '식게' 먹으러 오는 것으로 관념된다. 사실 그 영혼은 저승으로 관념되는 산담의 신문(神門)을 거쳐 식게날이 되면, 자신이 살던 집이나 자신을 위해 식게를 모시는 친족의 집을 찾아오는 것이다. 그렇다고 죽은 자들 또한 아주 자유로운 것은 아니며, 산 자들의 규약 속에서 행동하게 된다. 그러나 이런 약속이 깨지면 항상 문제는 산 자들 쪽에서 일어나며, 산 자들은 묘지를 이장하거나 조상을 달래는 의례를 거행하여 문제를 해결하려고 한다.

산담 안의 공간은 평상시에는 죽은 자의 공간으로서 저승인 셈이지만 이 공간은 산 자들의 방문이 허락되는 제례 때에는 공간이 통합된다. 산 자들이 제물을 들고 조상을 기리기 위해 찾아온 날이면 조상은 지하에서 밖으로 나와 상석 앞에 앉는다. 이제 지상의 세계에서 산 자인 후손과 죽은 자인 조상이 서로 살아 있을 때처럼 만나게 되는 것이다. 제례 시간에서는 삶과 죽음의 만남은 동시 공존성(同時共存性)을 띠며, 산 자들은 죽음의 공포를 느끼기보다는 살아 있을 때와 같은 예의로 죽은 조상을 예우한다. 비로소 저승이라고 관념되는 산담 안에서 생자(生者)들의 일상 공간도 없고, 사자(死者)의 저승 공간도 없게 되는 순간이다. 평상시 생과 사의 공간으로 분리되었던 공간 개념이 제례를 통해 하나가 되는 것이다. 그러나 그 제례 시간이 끝나면 이런 공간 일치성은 다시 분리되며, 산 자들에게는 금기가 작동

된다. 산 자들은 산 자들의 세계로 다시 돌아가기 위해 산담을 넘고, 죽은 자는 사자의 세계로 다시 돌아가 대문을 닫게 된다.

산담의 유형

제주 산담의 형태적 유형에는 네 가지가 있다. 원형·반원형·사각형·부등변 사각형으로 구분할 수 있는데, 원형은 반원형으로 변했고, 사각형은 부등변 사각형으로 변했기 때문에 크게 두 가지로 설명이 가능하다. 앞부분은 직선이고 뒷부분은 도토리처럼 봉긋한 반원인 전방후원형 산담, 사각형이지만 앞부분의 폭이 넓고 뒷부분의 폭이 약간 좁은 부등변 사각형의 산담으로 구분할 수 있다.

전방후원형(前方後圓形) 산담

앞부분이 직선이고 측면에서 뒷부분까지 잘록한 전방후원 형태로 둘러진 산담이다. 이런 모양은 봉분의 '용미제절(龍尾除節)'을 따라서 돌담을 쌓았기 때문이다. 제주의 산야에서 쉽게 볼 수 있는 산담 형태로, 돌 하나씩 쌓고 올라가는 외담으로 만들어진다. 이런 산담을 조성하는 이유는 여러 가지가 있다. 연고자가 없는 사람, 여성, '가남('경제적 여력 없다'는 제주어)'이 없는 경우, 또 결혼하지 않은 소년인 경우, 돌이 귀한 산야에 묘지를 쓸 경우를 들 수 있다. 이런 산담은 봉분 조성과 더불어 장례 당일에 주변의 돌들을 모아다가 바로 완성한다. 이런 형태는 산담의 초기 형태라고 할 수 있다. 반원형 산담은 외담으로, 임시로 둘러놓은 것같이 쌓아서 마소가 들기 쉽다. 단순히 묘지의 표시만을 위해 봉분을 중심으로 돌담을 쌓기 때문에 면적을 적게 차지하며, 산담 안에서 제사를 지내기가 어려울 정도로 의례 공간을 배려하지 않았다.

대략 높이는 40~60cm를 넘지 않으며, 생긴 그대로의 자연석을 사용한다. 밭담 쌓듯이 돌과 돌을 물려 쌓는 방식으로 바람 구멍을 살려서 쌓는다. 이런 묘지에는 비석이나 상석, 토신단 등의 묘지석물이 없는 것이 특징이다. 또한 이런 산담은 영혼의 길인 '올레[神門]'가 없는 것이 특징인데, 구조적으로 외담을 쌓아서 올레를 내기가 불가능한 때문이다.

전방후원형 산담

부등변 사각형(不等邊四角形) 산담

이 산담은 사각형의 산담이 발달해서 정착한 산담이다. 산담 앞변과 뒷변이 1.2 : 1 정도의 비율을 가진 부등변 사각형의 산담이다. 이 산담은 '접담(겹담)'으로 만들어지며, 제주 산담의 대표적인 양식이다. 신문·어귓돌·토신단 등 산담의 구조를 골고루 갖추고 있으며, 묘지의 석물 또한 다양하게 갖춘 형태로 나타난다.

한마디로 산담은 봉분이 있고 난 후에 출현하였다. 산담의 고형(古形)을 15C에 만들어진 '탐라성주고봉례묘추정지(耽羅星主高鳳禮墓推定址)' 방묘에서 보듯이 봉토가 무너지지 않게 봉분 외곽으로 석곽형태의 돌담을 둘러 무덤을 보호하려는 것이 초기의 산담 역할이었다. 그러다가 목장이 늘어나면서 마소로부터 보호하기 위해 서서히 봉분에 맞게 외담으로 원형이나 전방후원형으로 둘러지다가 가례의 보급이 본격화되면서 부등변 사각형 산담으로 변했다고 생각한다. 왜냐하면 제주의 유교식 장묘 제도가 15C에 들어왔으나 이 시기는 봉분을 만드는 매장 제도의 초기 계몽기이고, 벼슬아치가 아니면 장례 비용을 마련할 수도 없는 경제적인 처지 때문에 봉분의 조성도 어려웠다는 것을 감안하면, 산담의 기능은 단순하게 무덤 보호 기능 차원에서 출발한 것이다. 즉, 처음에는 무덤 보호 차원에서 봉분 따라 외담으로 담을 쌓다가 갈수록 목마장의 중요성이 부각되면서 목장이 커졌고, 마소의 수효가 점차 늘게 되자, 마소가 무덤의 풀을 뜯어 먹지 못하도록 산담을 넓게 쌓았다. 마소가 산담을 쉽게 넘지 못하게 한 것이 지금의 산담 모습이다. 그러나 원형이나 전방후원형 산담은

지금도 경제적인 처지가 어려운 사람들의 묘, 자손이 없는 여성의 묘, 연고가 없는 사람들의 묘가 대부분인 것으로 보아, 산담은 가문의 위세(威勢)의 한 표현이기도 한 것이 분명하다. 그러므로 산담은 곧 무덤의 보호에서부터 시작되다가 18C에 이르면 가문의 기념비성까지 담아내는, 크고 당당한 상징적인 축조물이 된 것이다.

토석 산담과 시멘트 혼용 산담

산담 가운데 보기 드문 산담으로는 토석 산담이 있다. 토석 산담은 외담으로, 좌우의 축을 쌓은 후 그 사이에 흙을 채워 만든 산담을 말한다. 이 토석 산담은 돌이 귀한 오름 지역에서 볼 수 있는 매우 귀한 산담이다. 이 토석 산담은 재료의 특성상 올레가 없으며, 산담 위에 흙으로 덮여 있어서 잔디가 무성하게 자란다.

토석 산담

또 시멘트를 혼용한 전방후원형 산담은 근대화의 모습을 띠는 산
담이다. 비록 외담으로 낮게 쌓았지만 자손들의 정성이 돋보이는 산
담이다.

산담 쌓는 방법

산담은 장례 당일 쌓을 수도 있고, 흙으로 둥그렇게 봉분만 쌓았다
가 이후에 경제적인 여건이 될 때 두르기도 한다. 사실 장례 당일에
산담까지 쌓으려면 '산역시〔山役事〕'할 인력이 동원돼야 한다. 과거
에는 한 마을에 두 '접〔契〕' 정도 있어서 이들이 마을의 산담을 담당했
다. 장지가 멀리 있는 경우 적어도 '산담접(산담계)'까지 필요하여 장
례와 관련한 조직이 두 골은 있어야 당일에 완성할 수 있다. 이것도

접근이 좋거나 돌이 많은 지역이면 당일에 산담을 완성할 수 있지만, 오름이나 험한 지형과 같은 여건이 좋지 않은 곳일 경우, 산담을 쌓을 돌들을 일일이 사람의 등짐으로 날랐다.

나도 옛 어른한테 들은 말이라, 옛날엔 구루마(우마차)도 없고, 마소가 있었주마는, 스룸은 갈 수 있어도 쉐[牛]가 가지 못하는 데에 봉분이 있는 거라. 경허민(그렇게 하면) 산담은 당일(當日)에 못 해여. 산담 만들젠 허민 식구들 허곡 동네 스룸들이 돌 흔 덩이씩 등으로 오름 위까지 져가는 거라. 경해영(그렇게 하여) 산우터래(산 위)까지 져가민(지고 가면) 침떡 흐나 허곡 막걸리 흔 사발씩 줬덴허여(주었다고 한다.)
— 이재수, 1988

겹담으로 쌓는 산담은 경제적인 부담과 인력이 많이 동원되는 큰 일이었다. 그러나 외담인 경우 인력이나 돌의 수량이 많이 들지 않아 주변의 돌들을 모아다 바로 쌓을 수 있다. 전형적인 제주의 산담은 양쪽으로 겹담을 쌓고, 그 가운데 잡석을 채우는 방식으로 축조한다. 성을 쌓을 때나 원담을 쌓을 때에도 이런 방식을 이용한다.

당일 산담을 쌓지 않을 경우 먼저 날을 보고 정시(地官)와 함께 토신제를 끝내면 일을 시작한다. 먼저 봉분 주변에 산담의 크기를 정하는데, 산담 '안척[內側]'의 길이를 중심으로 크기를 잡은 후 산담 넓이를 결정한다. 크기와 넓이가 정해지면 깊이 10cm 가량 흙을 일률적으로 걷어내어 돌이 땅에 잘 들어앉을 수 있게 한다. 이를 '굽을 놓는다.'고 한다. 돌은 산담 앞 안척부터 쌓은 다음 밧척을 다시 쌓고 중간

산담 쌓는 석공들

을 비워 둔다. 이런 산담을 '겹담(겹담)'이라고 하는데, 계속 산담 양옆의 돌담을 먼저 쌓아가면서 그 가운데는 잔돌로 채워나간다. 이런 방식을 '배채움잣'이라고도 부른다. 돌들은 주변에 쌓아 두었던 돌무더기인 머들을 허물거나 밭 구석에 모아 둔 잡석벽(雜石壁)인 잣벽을 허물어 산담의 속을 채운다.

특히 산담 앞변의 좌우 양쪽의 끝은 앞 변 중앙보다 높게 쌓아 완만한 곡선을 잡아 유연하게 흐르는 산담 선을 만든다. 올레〔神門〕는 '정시(지관)'가 일러 준 대로 막히지 않은 방향으로 트고, 긴 돌을 조금 다듬은 정돌을 그 위에 올려놓는다. 산담 네 귀퉁이에는 정초석 역할을 하는 팡돌인 '귓돌'을 놓아 산담 귀퉁이를 지지해 준다. 대정 지역에서는 산담 네 모퉁이의 귓돌은 망자의 사위들이 직접 운반해 놓아야 한다고 하는데, 귓돌 운반이 일종의 산담 작업을 마무리한다는 의미에서 '백년손님'이라고 부르는 사위를 내세우는 풍습이 있다.

겹담의 산담은 대체로 앞부분이 높고 뒷부분을 낮춘다. 이는 섬땅의 지형지세(地形地勢)가 해안 쪽으로 기울어 있어서 이런 지형을 이용하여 돌담을 쌓기 때문이다. 대체로 산담의 축조는 잡석을 활용한 '잡담 쌓기' 방식이 일반적이다. '잡담 쌓기'란, 다듬지 않은 돌들, 혹은 최소만큼만 손을 본 자연석으로 돌 모양의 장점을 살리면서 자연석끼리 서로 잘 맞물리게 하여, 돌과 돌이 서로 의지하도록 쌓는 축조 방식을 말한다. 제주의 지형과 기후 조건상 오히려 '잡담 쌓기' 방식이 유용한데, 이 방식은 비가 많이 와서 땅의 지형이 변하더라도 돌귀퉁이가 서로 단단하게 지지해 주기 때문에 제주의 산담은 거의 이 '잡담 쌓기'를 선호했다.

산담 쌓는 비용

겹담으로 쌓은 산담 가운데 비교적 표준치에 가까운 산담의 크기를 예로 들어보면 다음과 같다. 산굼부리 북동쪽 100m 지점에 위치한 '전력부위도수진무강공지묘(展力副尉都首鎭撫康公之墓)'는 단묘(單墓)인데, 가경(嘉慶) 경오(庚午 : 1810) 정월(正月)에 생을 마치고, 같은 해 3월 초삼일에 장례를 지냈다. 이 묘는 앞변의 길이가 11.7m, 뒷변이 9.5m, 옆변은 12.5m의 부등변 사각형이다. 산담의 넓이는 1.9m로 비교적 넓은 편이다. 높이는 앞변 쪽이 95cm, 뒷변 쪽이 70cm이며,

능선의 경사가 약 8° 가량 된다. 봉분의 높이는 1m 정도이다. 시문의 넓이는 50㎝ 정도, 정돌은 원래 있었으나 훼손된 것으로 보인다. 산담의 석재는 검고 붉은빛이 도는 용암석으로 축조되었다. 무덤의 석물은 비석·문인석 2기·동자석 2기가 있으며, 동자석은 조면암류, 문인석은 다공질 현무암류로 조각되었으며, 보존 상태가 좋은 편이다.

산담의 조성은 장례 당일 마치는 수도 있고, 경제적인 여건에 따라 이후에 조성할 수도 있다. 과거에는 마을 단위에 청년들이 주축이 된 '산담접[契]'이 있어 산담 축조의 주문이 오면 공동으로 '산담 역시[役事]'를 하여 접살림의 자금을 마련했다.

북제주군 애월읍 소길리에서 운영했던 '산담접'은 산담을 쌓는 도구를 공동으로 구입한 후, 무덤 주변에 산담을 협동해서 쌓는 일 외에도 집담을 쌓는 일도 병행했다고 한다. 이러한 일에 계원 모두가 나와 노동력을 제공하는 것을 '출역(出役)'이라 하고, 그에 대한 기록을 '출역기(出役記)'라고 한다. 이 출역기에는 돌담 축조 연월일, 의뢰자, 지명, 돌담 형태, 동원 인원이 기록되어 있다.

出役記

一九六六年三月日任OO祖母築墻時十四人動員

一九六七年正月日朴OO祖母築墻時十四人動員

一九七三年二月日夫OO果樹園築墻時十四人動員

一九八O年二月二十日高OO붉은 동산 산담十三人動員

一九八八年舊三月十一日高OO뒷밭成築十四人動員

一九八九年舊二月二十九日梁OO父親築墻十三名出役

一九八九年舊三月十七日李00長男築墻時十二名出役

그리고 산담의 축조 비용은 1939년 5월 24일~6월 3일에 걸쳐 노다시로(野田志朗)가 조사한 바에 따라 경비를 유추할 수 있다.

① 높이 : 2척 5촌, 폭 : 1간(6척)

② 축조 시기 : 2~3월, 1일 공정은 1간. 8~9월, 1일 공정은 5척, 노임은 집담장과 같다(돌쳉이 : 현금 60전, 현물 60전, 식사 3번 24전, 담배 6전, 술 30전, 계 1원 20전/보조 : 현금 50전 현물 40전, 식사 3식 24전, 담배 6전, 술 30전, 계 90전).

③ 캐기 : 2~3월, 하루에 3간분을 캔다. 8~9월, 하루에 2간분을 캔다. 돌쳉이 1명, 보조 1명. 노임은 집담장과 같다.

④ 운반 : 1간 분의 운반(남자 1명, 노임은 집담장과 같다.)

유지 연수는 무한이며, 수선하면 화를 입는다는 관습이 있어 수선은 전혀 하지 않는다. 묘의 돌쳉이는 노동조합(산담접 : 필자)이 이를 맡는다. 노동조합은 이 때문에 조직되어 화북리 한 곳에 있다.

또한 서귀포시 토평마을에서는 산담을 쌓는 일을 하면 일당은 서숙(黍粟)쌀 1말, 보리쌀 1말 정도를 받는데, 서숙쌀 1말이면 7kg 정도, 장정이 1주일 정도 먹을 식량이라고 한다.

산담은 돌을 다루는 일이라서 매우 힘이 든다. 하루 종일 이런 힘든 일을 하기 위해서는 피로도 잊을 겸, 좁쌀 막걸리 한잔과 노동요가 곁들여져야 한다. 서귀포시 강정동에서 전해 오는 산담 옮겨 쌓을 때 부르는

〈홍애기소리〉는 과거 제주 사람들의 공동체 정서가 물씬 배어 있다.

어여뒤여 산이로다(후렴) 인심좋은 우리동네
메와들면(모여들면) 일심동체(一心同體)
오늘날도 요산담을 부지런히 다와보자(쌓아 보자)
한덩어리 두덩어리 주서다가(주워다가) 메와놓고(채워 놓고)
돌자귀나 돌도치(도끼)로 다듬어서 다와노민(쌓아 놓으면)
산화(山火)도 방금(防禁)되고 우마출입(牛馬出入) 방지(防止)된다.
살아생전 못한 효도 만분지(만분의) 하나라도 사후라도 보답하리
상석비석 갖춰노민(갖춰 놓으면) 놈 보기(남보기)도 좋아지곡
후세에게 유전(遺傳)함이 자손의 도리로다.

산담의 구조

제주의 무덤 부감도

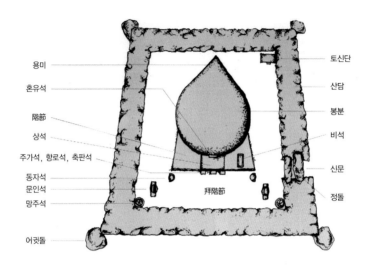

용미

혼유석

階節

상석

주가석, 향로석, 축판석

동자석
문인석
망주석

어귓돌

토신단

산담

봉분

비석

신문

정돌

拜階節

제주의 무덤 구조(평면도)

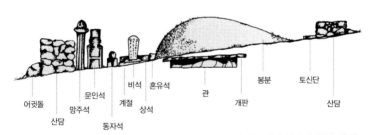

어귓돌
산담
망주석
문인석
동자석
계절
상석
비석
혼유석
관
개판
봉분
토신단
산담

제주의 지형지세는 대개 경사각이 있어서 무덤 앞쪽이 낮은 쪽
(해안 방향)이 되고, 무덤 뒤쪽이 높은 지대(주산 방향)가 된다.

제주의 무덤 구조 입면도

올 레

올레는 영혼이 다니는 신문(神門)을 말하는데, 지역에 따라 '오래', '올레-도', '도', '시문(神門)'이라고도 한다. 도는 출입구를 이르는 제주어이다. 『이아주소(爾雅註疎)』에 "도는 '길(途)'이라는 뜻으로, 곧 도(道)이다. 도(道)는 '곧다(直)'라는 뜻이다. 곧아서 구부러짐이 없는 것이다."라고 했다. 路, 場, 猷, 行은 道로써 '길'의 이름을 널리 말한 것이다. 제주 산담에서는 '도'를 '길'이라는 속뜻을 포함하는 '출입구'라는 의미로 쓰이고 있다.

묘지의 신문(神門)이 사람들이 출입하는 골목과 같다 하여 '올레'라 부르고 있다. '시문'이란 '신문(神門)'의 와음(訛音)으로, 신이 다니는 길이라는 뜻이다. 신문이라는 말은 종묘나 향교에 신이 다니는 길인 신문(神門)을 모방하여 한학자들이 부르는 것이 음택의 산담에 정착되지 않았나 생각된다. 또한 왕릉의 신이 다니는 길인 신도(神道)의 모방적 표현이라고 해도 큰 무리는 없을 것이다.

올레는 산담의 좌측이나 우측에 약 40~50cm 가량 길을 트고 그 위에 길쭉하게 다듬은 돌을 1~3개 올려놓는데, 이를 '정돌'이라고 한다. 올레 출입구 양편에는 사각형의 돌이나 평평한 자연석으로 올레 툭을 심어 경계를 표시하고 올레길은 잔돌이나 납작한 돌을 깔아 영혼이 다니기 좋도록 평평하게 만든다. 간혹 올레가 끝나고 산담 안쪽에 댓돌을 놓아 영혼이 신발을 벗을 수 있도록 한 경우도 있다. 사자(死者)의 세계도 생자(生者)의 현실 세계의 연장이라는 유교적인 세계관이 반영된 것이다.

원래 올레는 제주의 골목을 일컫는 고유어로, '큰길을 중심으로 집 안까지 들어가는 기다랗고 구부러진 길'을 말하는데, 정확히 마당 바로 직전까지이다. 올레는 직선으로 내기보다는 휘어지게 곡선으로 만든다. 올레의 역할은 집 안으로 오는 사람들의 거동을 살필 수 있고, 맞받아치는 센 바람의 영향을 줄이는 기능이 있고, 집과 집 사이 독립적인 영역을 표시하기 위해 만들어졌다. 큰길에서 올레로 들어가는 곳에 '올레톡(턱)'이라는 경계석이 있고, 올레를 지나면 다시 마당 입구에 '마당톡(턱)'이라는 경계석이 땅에 박혀 있다.

향토사학자 고 박용후 선생에 따르면 신문은 일반적으로 "여자의 묘는 오른 쪽에, 남자의 묘는 왼쪽에 50㎝ 가량 담을 튼다."고 했다. 왜 그런지 그 이유는 설명이 없어서 모르겠으나 이 시점을 망자의 위

영혼이 드나드는 올레

치에서 보면 정확하다. 망자가 앉아서 우리를 처다볼 때 좌측의 올레가 있다면 남자 묘이고, 우측의 올레가 있다면 여자 묘라고 생각하면 된다. 간혹 이 원칙이 지켜지지 않는 경우도 있다.

풍수가 정성필 선생은, "남좌여우(男左女右)는 원래 음양의 이론으로서 남자는 양(陽)에, 여자는 음(陰)에 해당하여 좌측은 양이 되고 우측은 음이 된다." 하였다. 따라서 무덤(혈장)에서 좌청룡은 양으로 남자의 자손을 주관하고, 우백호는 음으로 여자의 자손을 주관하기 때문에 좌는 양이 되어 남자가 되고, 우는 음이 되어 여자가 된다. 또 황제내경 등에 의하더라도 남자는 신체의 좌측이 허약하고 여자는 우측이 허약하므로 남자의 좌측과 여자의 우측이 서로 허약함을 보완하기 위해 비롯된 것이 신문을 설치할 때 적용된 것으로 보고 있다.

곧, 신문과 비석의 위치를 살펴볼 때, 역의 중심 원리는 중화(中和)이기에 중화는 실한 것을 덜어 주고 허한 것을 보태어서 균형을 이루게 한다. 그러므로 비석의 위치는 허한 곳, 즉 산좌(山坐)를 위주로 하여 명당에 물이 들어오는 방향과 삼합(삼각형)이 되는 곳으로 대개의 경우 청룡이 백호보다 짧거나 명당수가 우측에서 흘러 들어오면 비석의 위치는 좌측이 되고, 반대로 백호가 청룡보다 짧거나 명당수가 좌측에서 흘러 들어올 때는 우측으로 하는 것이라고 한다. 신문의 위치 역시 좌우의 허실에 의하여 디딤돌을 놓는 경우는 허한 쪽에 놓고, 신문 구멍을 내는 경우는 실한 쪽으로 하여 허실을 보완하고 중화를 이루게 하는 것이라고 한다.

그러나 쌍묘나 합묘를 보면, 망자(亡者)인 경우 남녀의 위치는 우상좌하(右上左下)의 원칙에 따라 생존 시의 개념인 좌상우하(左上右

下)와는 정반대로 바뀐다. 현실 세계에서는 좌측이 상위인데, 죽어서는 우측이 상위가 된다. 곧 망자가 누운 머리 위치를 기준으로 해서, 남자는 오른쪽(서쪽)에, 여자는 왼쪽(동쪽)에 무덤을 쓰는 것은 우상좌하의 원칙 때문이다. 신문 또한 우상좌하의 원칙이 적용된 것과 연관이 있다.

그리고 신문은 망자의 성별(남, 여)에 따라 다르지만, 매장 방식(합묘, 쌍묘)에 따라서도 다르다. 또 지형지세를 고려하기도 하고, 망자와의 관계에서 방위설에 따라 다르기 때문에 산담 정면이나 정측면(正側面)에 올레를 트기도 한다. 올레를 만들지 않을 경우 그 위치에 돌계단을 놓는다. 가령 올레가 없는 경우 산담 앞쪽이나 측면 쪽에 돌로 계단을 놓는 것이 상례(常例)이다.

대략 20C 이후에 조성된 산담에는 올레를 만들지 않고 그냥 막아 버린 경우가 많지만 이전 시기의 산담에도 올레가 없는 산담들이 있다.

정 돌

영혼이 다니는 올레(神門) 길 막는 돌을 '정돌'이라고 한다. 정돌은 신문 위에 얹어 놓는 돌인데, 길지만 모나면서도 둥근 돌에 가깝다. 지름 20~30cm, 길이 50~60cm 돌을 1개, 혹은 2개, 많은 곳은 3개까지 올려놓아 마소나 사람의 출입을 금한다. 제주의 전통적인 산담은 모두 이 올레에 정돌이 놓여 있었으나 20C에 오면서 신문을 폐쇄하여 산담을 조성하면서 그 자리에 돌계단을 만들어 두고 있다. 올레의 길에는 마치 포장한 것처럼 잔돌로 평평하게 깔거나 올레가 시작되거나 끝나는 곳에 납작한 팡돌을 놓기도 한다.

귓 돌

귓돌은 지역에 따라 '귀어짓돌', '팡돌'이라고도 한다. '귀어짓돌'은 '귀(귀퉁이)+어귓돌'의 합성어로 된 와음이다. 산담 네 귀퉁이에 세우는 돌이라고 해서 '귓돌'이라고 부른다. 이 귓돌은 산담 네 귀퉁이에 정초석 역할을 하는 팡돌인데, 이 돌은 산담의 중심을 잡아 주며 사람들이 무덤 출입을 용이하게 하는 역할을 한다. 어떤 무덤은 산담 뒤편의 두 개의 귓돌을 중심으로 길게 줄을 지어 돌을 이어 놓기도 한다.

이 귓돌은 대정 지역에서는 산담 축조 시 장사(葬事)지내는 집안의 사위들이 마지막으로 갖다 놓는 돌이라고도 한다. 또 밭을 갈 때 마소가 끄는 쟁기가 산담 가까이 오지 못하도록 산담의 '어장(外場)'을 보호하는 기능도 한다.

문화 경관으로서 산담의 미학(美學)

산담의 자연미

산담은 모두 제주의 화산석으로 만들어지지만, 지역마다 약간씩 다른 화산암재로 만들어진다. 곧 그 지역의 지질적인 영향을 받는 것이다. 제주의 풍토적인 토산재를 쓴다는 점에서 산담은 제주의 자연

신문의 정돌

귓 돌

과 친연성(親緣性)이 높다. 그래서 산담은 제주의 자연 지형을 잘 활용하여 축조하기 때문에 언제 보아도 제자리를 찾은 깃처럼 태연하게 느껴진다. 산담을 평원법(平遠法)의 원경(遠景)으로 바라보면, 배경이 되는 부드러운 오름의 여성적인 선과 초원의 느낌, 사각형의 남성적이고 투박하게 보이는 재질의 거친 느낌은 서로 보완해 주는(相補) 풍토적인 경관을 형성케 한다. 오름은 산담이 없으면 없는 대로 아름다운 경관을 스스로 만들 줄 알고, 오름의 산담이 있더라도 그 어울림이 예사롭지가 않게 느껴지도록 배려한다. 산담이 많은 오름은 그 선의 겹침과 비조화(非調和)가 있을 것 같으나 역시 자연은 자연의 속성을 아는지 자연의 재료와 인공의 선을 모두 포개어 안으며, 그 많은 산담을 자연으로 귀의하게 만든다.

봉긋한 오름 자락에 홀로 있는 산담들은 어떤가? 산담이 죽음의 문화와 직결되는 조형물이라는 사실 때문인지 어딘지 모르게 그 풍경은 스산하고 애절한 정서를 자극한다. 그러나 곡선은 직선으로 해서 더욱 그 선이 아름답게 흐르고 직선은 곡선으로 해서 더욱 박력 있게 멈춘다. 따라서 오름의 곡선은 산담의 직선을 더욱 강직(强直)하게 하는 주체이고, 산담의 직선은 다시 축소된 오름과 같은 봉분의 곡선을 다시 부드럽게 어름 쓰는 하나의 매개체가 되는 것이다. 제주의 자연 경관 속에 어울리는 강함과 부드러움, 직선의 급함과 곡선의 느림으로 표현되는 산담의 존재는 모두 제주의 자연을 향해 스며들고 있는 것이다. 결국 산담의 인공적 아름다움은 시간이 흐르면서 자연미에 귀속되었고, 그 자연미는 다시 제주 자연 속으로 귀의하고 있는 것이다.

겨울의 산담

산담의 조형미

산담은 제주 사람들의 돌을 다루는 기술을 엿볼 수 있는 인공물로서 일반적인 돌담과는 그 품격이 다르다. 산담은 죽음의 문화를 대변한다는 점에서, 그리고 단순한 방풍벽이나 울타리가 아닌 영혼의 집이자 산 자와 경계를 짓는 담장이라는 점 때문에 어떤 조형적인 미학이 들어 있다. 그 조형성은 한국미의 특질로도 볼 수 있는 선의 미(美)로 말할 수 있다. 가령, 한국의 기와집은 처마의 선이 좌우로 갈수록 하늘을 향해 들려 있고, 또한 버선코처럼 끝이 살짝 하늘을 향해 가볍게 날아갈 것 같은 운동감도 있다. 그리고 누운 활처럼 휘어 있는 긴 긴장감도 한국의 선의 미라고 할 수 있다. 산담의 선도 이와 유사한 형세를 보이는데, 산담은 높이가 낮은 뒤쪽에서부터 길게 들리듯 구부러져 흘러서 산담 앞쪽 끝에 오면 산담의 각은 하늘을 향해 살아나 유연해지는 선으로 나타난다. 그리고 높은 앞쪽 좌측 끝에서 중앙으로 이동할수록 서서히 잠기듯 낮아지다가 반대편 우측 끝으로 갈수록 선이 다시 살아나 산담 좌측 끝과 대칭을 이루어 멈춰 서는 것이 제주 산담의 선이다. 더 나아갈 수 없이 살짝 멈춰 버린 산담의 선은 바라볼수록 평온함을 주는 정감으로 꽉 차 있다.

다시 산담 앞쪽을 눈여겨보면, 산담 밑변에 비해 산담 윗변이 보다 앞으로 내밀듯 나와 있어서 삼각형의 뱃머리와도 같은 인상을 주는데, 이런 느낌은 앞으로 쓰러질 듯하면서도 언제라도 날아갈 준비가 돼 있는 역동적인 조형미로 표출되고 있다. 산담은 가까이에서는 자연석의 무질서한 돌출 때문에 제대로 된 선의 미감을 못 느낀다. 그러나 조금만 떨어져서 이를 바라보면, 무질서하게 보이던 자연석의 선이 살아나면서 감각적인 선이 되어 부드러운 선으로 모양새를 바꾼다. 즉 가까이에서 은유(隱喩)되었던 선이 거리를 두면 계획된 선으로 화하는 것이다.

산담의 선

돌담의 현대적 의미

　오랜 세월에 걸쳐 제주인들의 노력으로 쌓은 돌담의 의미는 오늘날 무엇일까? 돌담은 제주의 대표적인 문화 경관으로서 잃어가는 제주 문화임에 틀림없지만 다음의 세 가지의 의미로 정리할 수 있다.

　첫째, 돌담은 주거와 제주의 농업·목축·어로 생산력을 담당했던 역사적인 의미를 갖는 제주의 대표적인 문화 경관이다.

겨울의 돌담

둘째, 풍토적 상징으로서의 돌담이다. 제주를 찾아오는 많은 사람들이 가장 먼저 놀라는 것이 바로 검은 줄기로 뻗은 돌담이다. 돌담은 마치 그물처럼 얼기설기 섬 전체를 덮은 듯 이어져 제주의 마을과 들판은 신비한 느낌, 이국적 풍취를 뿜어낸다. 화산섬, 바람이 함께 만든 대표적인 상징적 경관이다.

셋째, 랜드마크로서의 돌담이다. 돌이 많다는 것은 한국에서 제주에 국한된 말로 통용되며, 돌은 제주를 대표하는 문화적 지표(指標)가 되고 있다. 삼다(三多) 중에서도 돌이 많다는 것을 가장 먼저 강조한다.

그렇지만 위의 세 가지 의미는 돌담이 정상적으로 보존의 길을 걸었을 때 가능한 얘기다. 오히려 남겨진 돌담의 미래는 보존 노력의 최선이라고 하는 직불제를 시행하더라도 여전히 돌담의 미래는 어둡다. 이미 밭과 마을의 토지는 사유지로 전락하고, 돌담이 필요한 산업인 농업과 목축업은 모두 죽어가고 있는데, 어찌 산업의 필요 충분 조건 없이 덩그마니 돌담만을 지킬 수가 있으며 가치만을 따질 수 있겠는가. 정녕 돌담을 살리는 길은 오로지 돌담이 필요한 1차 산업의 부활만이 가능한 일이다. 돌담의 태생이 1차 산업인 바에 그 탯줄 없이 아이의 생존을 지킬 수가 없는 것과 같지 않을까. 돌담의 가치를 관광으로 연결 지으려면, 이미 존재해 온 돌담의 가치를 따지기 전에 앞으로 나아갈 1차 산업의 중흥을 꾀하는 정책이 선결돼야 할 것이다.

이제 미래의 제주를 위해서는 '돌담 복원 운동'을 제주특별자치도 차원으로 전개해야 한다. 돌담이 없는 제주의 마을을 상상해 보라. 세계자연유산, 세계문화유산, 세계지질공원인증, 세계중요농업유산

(GIAHS) 등은 모두가 돌담과 관련이 있으며, 세계적인 가치를 인정받은 것들이다. 돌담의 보물섬을 위해 당장 시멘트 블록담을 허물고 돌담을 쌓자. 새집을 지어도 담장만큼은 돌담으로 쌓아야 한다는 것을 조례로 지정하는 것도 현실적인 대안이 될 수 있다. 그러나 근본적으로 문제를 인식하여 모두를 넘어서는 돌담의 중요성을 주장한다면 그것이야말로 필요에 의해서 돌담을 쌓아야 하는 산업이 있어야 가능하다. 즉, 농업과 목축 산업이 번성할 수 있는 길을 모색하는 것이 진정 돌담을 지키고 그것의 가치를 지속적으로 유지하는 것임을 깨달아야 한다.

- 가름·카름 : '마을'을 뜻한다. '가르다(分)'에서 온 말로 일정한 구역을 말한다. 마을 동쪽의 구역을 '동카름', 마을 서쪽에 있는 구역을 '섯카름'이라고 한다.
- 가시담 : 탱자나무와 같은 가시로 얽은 담장.
- 감장(勘葬) : 장례를 지내 무덤을 만듦.
- 거리 : 거리. 비석거리, 저자거리 등.
- 거욱·거욱대·거오기·걱대·극대·가마귀·액탑·오다리탑·솔대 : 마을의 환난과 액운을 막기 위한 방쉬(防邪)용 돌탑. 돌이나 나무로 까마귀 형상을 상징하거나 사람의 형상을 만들어 원뿔 모양의 돌탑 꼭대기에 세워 허한 방향을 향하게 한다. 이의 기원은 몽골의 어워에서 찾기도 하며, 한반도 전역에 유사한 형태와 기능이 분포한다. 거욱의 돌탑 모양은 주로 원추형(圓錐形)인데 잡담쌓기로 쌓았다. 거욱의 유형을 보면 까마귀 형상의 자연석을 올려놓는 '돌탑형', 돌탑 위에 석상을 올려놓는 '돌탑 석상형', 석상 자체가 거욱인 '석상형'으로 크게 나눌 수 있다.
- ᄀ래·정고래·풀ᄀ래 : 맷돌. ᄀ래는 지역에 따라 '정ᄀ래', '돌ᄀ래', '젱ᄀ래'라고도 한다. 보리쌀이나 메밀을 갈 때 사용하는 도정 도구이다. 풀ᄀ래는 주로 물에 불린 콩을 갈 때 사용했던 ᄀ래로, 정ᄀ래에 비해 규모가 크다. 액체 상태의 콩즙이 한곳으로 모여 떨

어지도록 박새기 코처럼 돌출되게 만들었다.

- 고인돌 : 지석묘.
- 곡단제단비(哭壇祭壇碑) : 과거 조선시대에 국상(國喪)을 당하면 북향 사배(四拜)하여 조의를 표하는 제단. 마을 언덕에 북쪽을 향해 제단을 설치하였다.
- 골(굴·구룽) : '구렁'의 뜻. 대정골과 같이 작은 단위의 마을을 지칭하기도 한다. 또 구렁의 뜻으로 쓰일 때는 구룽·굴헝·굴렁의 뜻으로도 쓰인다.
- 골총 : 임자가 없어 관리를 못해 방치된 무덤을 이르는 말. 고총(古塚).
- 곳 : 돌무더기가 많고 잡목이 우거진 큰 규모의 거친 들이며, 곳곳에 숨골이 있어 물이 스며들거나 공기의 기운이 순환 되는 지역.
- 곳돌 : 곳에서 나는 잡석, 돌가마를 지을 때 이 돌을 쌓고 그 사이를 찰흙으로 메꾼다. (강영화, 구억리 686번지, 2017년 기준, 78세).
- 곳질 : 암반, 또는 아아 용암의 잡석 위에 잡목이 우거진 길.
- 곳자왈 : 최근 만들어진 용어. '곳+자왈'의 합성어. 곳과 자왈이라는 독립적인 용어로 사용되다가 언론 보도에 의해 신생어가 된 말.
- 구석기 시대 돌도구 : 빌레못 동굴에서 발견된 석기류는 긁게, 돌칼, 첨기(尖器), 송곳, 부리형 석기, 홈날, 톱니날 등으로 제주도가 육지와 연결됐던 시대의 돌 도구이다.
- 구시·구시통·물확 : 중산간 지역 봉천수 앞에 놓아 물의 오염을 막거나 물을 아껴 쓰고자 만든 돌로 된 둥근 물통. 봉천수가 발달한 중산간 마을에서 많이 사용되었다. 대정읍 인향동에 거북 모양의 구시가 있고, 한경면 낙천리에 약 100년 전에 만든 구시통이 전해

온다.

- 굽돌·굽담 : 돌담을 쌓을 맨 아래에 놓는 기초석. 눌굽돌은 눌(노적단) 밑에 비가 와도 물이 닿지 못하게 원형 모양으로 잡석을 고르게 높여 깐 기초석이다.
- 귓담 : 돌담의 각이 만나는 곳의 담.
- 궤 : 바위나 암벽의 굴. 또는 본향당의 신이 거처하는 구멍.
- 기정·그정·거벙 : 절벽을 말하는 제주어.
- 금장비(禁葬碑) : 장례를 아무 곳에나 치를 수 없게 만든 표지석. 애월리에 있는 현무암 표지석에 "人家가 있는 百步 안에 禁葬"이라는 글이 쓰여 있다.
- 누룩돌·모힌돌 : 푸석푸석한 돌. 산방산 조면암이나 혹은 퇴적암류의 돌. 모힌돌은 모인 돌로 입자가 마치 시루떡 속같이 생긴 돌을 말한다.
- 눌굽 : 곡식이나 땔감을 저장하기 위해 낫가리 밑에 잡석으로 원형을 만들어 기초를 만든 것.
- 다듬이돌 : 풀 먹인 옷감이나 옷을 손질하는 받침돌.
- 담 : 돌담의 다른 말.
- 담고망 : 돌담 사이에 생긴 구멍.
- 담고비 : 돌담이 휘면서 굽어 돌아진 곳.
- 담굽 : 돌담 제일 밑바닥.
- 담돌 : 돌덩이. 돌담을 쌓는 개개의 돌, 혹은 담을 쌓을 돌멩이.
- 담믈아지다 : 돌담이 무너지다.
- 담발다 : 돌담 위를 타고 넘다.

- 담질 : 돌담 넘기.
- 닷돌 : 닻으로 쓰기 위해 둥글고 무거운 돌에 구멍을 뚫은 돌.
- 당(堂) : 제주인의 신성한 신앙 공간. 마을을 관장하는 당을 '본향당'이라고 한다. 당 이름은 일 당·여드렛당·해신당 등 다양하게 불리며, 위치와 기능에 따라 갯당·할망당 등으로 부른다. 당은 마을 사람들의 생산, 호적, 장적(帳籍), 개인의 무사 안녕, 수명, 기자를 비는 곳이다. 당은 산, 숲, 냇가, 연못, 언덕, 해안, 수목, 거석 등에 자리하는데 평지에 있는 경우 바람막이로 원형, 타원형, 사각형 등의 돌담을 두른다.
- 덕돌 : 부엌 아궁이에 솥을 걸치기 위해 나란히 앉힌 돌.
- 드르 : 아주 작은 밭.
- 도 : 입구.
- 도대 : 제주의 옛 등대를 지칭하는 말. 돌담으로 축조한 후, 돌담 사이에 시멘트를 바른 옛 등대.
- 도대불 : 도대와 같은 말.
- 도롱담 : 크지 않은 돌로 높지 않게 시리 동그랗게 외줄로 쌓아올린 담.
- 돌가마 : 허벅, 항아리, 단지 등 각종 제주 옹기를 굽는 가마로 내화 벽돌이 아닌 현무암의 해량돌(곶돌 가운데 모양이 바르게 생긴 돌)로 쌓은 가마. 돌가마에는 노랑굴과 검은 굴이 있다. 제주에서만 볼 수 있는 세계적인 문화유산으로, 검은 굴과 노랑굴이 남아 있으나 점점 소실의 위기에 처해 있다.
- 돌고냥·담고냥 : 돌담 사이에 바람이 통하는 구멍.

- 돌늣, 돌옷 : 돌에 난 이끼. '돌꽃'이라고도 한다. 동자석이나 비석, 잡석이 오래되면 곰팡이가 번져 녹색조 흰색의 돌꽃이 피는데, 원로에 의하면 3, 40년이 지나야 이 돌꽃이 핀다고 한다.
- 돌담 : 임제(林悌)의 『남명소승(南冥小乘)』에 "밭두둑에 경계를 만드는 자는 반드시 돌담으로 두르며, 인가(人家) 또한 다 돌을 쌓아 높은 담을 만들고 올레와 문을 만든다……."라고 하여 오래전부터 돌담이 있었다는 것을 알 수 있다. 밭담은 외담으로 쌓고, 산담은 겹담으로 쌓아 무덤을 보호한다. 원래 돌담은 제주에 사람이 살기 시작하면서 방풍용(防風用)으로 이용되기 시작했다. 돌담은 한 줄로 쌓는 홑담, 두 줄 사이에 돌을 채워 넣어 넓게 쌓는 겹담이 있다. '환해장성'같이 바닷가 몽돌을 이용하여 밑바닥에는 여러 겹으로 쌓아올리다가 위로 올라 갈수록 점점 사이가 좁아지는 ▲ 모양으로 쌓는 돌담이 있다.
- 돌메 : 암반을 깰 때 쓰는 무겁고 큰 쇠망치. 물메. 끌로 홈을 판 후 알기(작은 정)를 박고 이 돌메로 여러 번 치면 돌이 결대로 곱게 깨진다. 큰 암반에서 돌을 분리할 때 유용하다.
- 돌멍석 : 애월에 있는 배무숭이 소금밭에 소금을 채취하기 좋게 평평하게 깔아 놓은 돌.
- 돌부체 : 돌로 만든 부처.
- 돌쉐역 : 돌끌.
- 돌산테 : 돌멩이를 나르는 데 쓰는 삼태기.
- 돌안반 : 다듬이 돌.
- 돌역시·돌일 : 돌담을 쌓거나 돌과 관련된 일.

- 돌자귀 : 돌을 평평하게 다듬는 데 쓰는 끌망치.

- 돌절(돌결) : 돌에도 결이 있어서 암반에서 필요한 만큼 돌을 분리할 때 돌결을 찾는 것이 매우 중요하다. 돌결에는 'ᄀ는절(가로결)' 과 '지르기절(세로절)'이 있는데, 돌을 잘 깨려면 'ᄀ는절'로 구멍을 뚫어 알기를 박아야 하고, 적당한 힘으로 돌메를 쳐야 생각한 대로 곱게 돌이 분리된다.

- 돌절구 : '돌방애', '절구통', '도구방에'라고도 한다. 곡물의 껍질을 벗겨서 알곡을 털어 내거나 혹은 가루를 만들 때 사용한다.

- 돌쩌귀 : 건축 시 기둥을 세우는 기단석.

- 돌챙이 · 돌쳉이 : 돌담을 쌓거나 돌을 다듬고, 혹은 각종 다양한 돌 도구를 만드는 사람. 마을마다 농사나 어로를 하지 않고 돌일을 전담하는 사람. 석수, 석수쟁이, 석공. 과거에는 돌챙이들이 연장 망태를 메고 마을을 돌아다니며 연자매, 맷돌, 돌절구, 비석을 만들어 주었다. 그 대가로 보리쌀이나 콩으로 받았다. 우리나라에서 돌챙이의 유래를 알 수 있는 남산신성(南山新城)이 있다. 남산신성은 신라 진평왕 13년(591)에 축성되었다. 남산산성비(南山新城碑)의 기록에 성벽을 축조할 때 현장을 담당하던 장인으로 석촉상인(石促上人), 석상인(石上人)이라는 기술자가 있는 것으로 보아 오래전부터 '돌챙이'와 같은 말이 있었다. 또 석촉상인(石促上人) 중에는 다시 면석촉상인(面石促上人), 소석촉상인(小石促上人)으로 나누는 것으로 보아 돌을 다루는 기능도 여러 가지였다는 것을 알 수 있다.

- 돌챙이 연장 : 돌자귀, 메(큰메, 족은 메), 돌끌, 정, 알기, 철귀 등.

- 돌첫 : 돌을 쌓을 적에 처음 밑바닥에 놓는 크고 반반한 돌.
- 돌테 : 돌테는 남테의 기능과 같이 밭을 다지는 데 쓰는 돌로 만든 농사용 도구. 보리, 좁씨를 뿌린 다음 그것이 바람에 날리지 않도록 다져 주는 농기구이다. 주로 현무암으로 만들었기 때문에 반영구적이다. 돌테의 모양은 둥근 원통 모양을 기본으로, 둥근 원통 모양에 말발굽처럼 도드라진 모양, 거친 것, 매끄러운 것 등이 있다. 둥근 원통형 좌우에 고리를 만들어 회전이 용이하도록 하였다. 이 고리를 말에 매달아 끌면 굴러가면서 밭을 평평하게 다질 수 있다. 또 돌테는 집터를 다지는 데에도 사용했다.
- 돌코냉이 : 고냉이는 고양이의 와음으로, 돌탑 위에 세우는 거욱과 같은 역할을 하는 석물.
- 돌하르방 : 제주성, 정의성, 대정성의 성문 앞에 세우는 수문장을 의미하는 석상. 원래 문헌에는 '옹중석(翁仲石)'이라고 하였다. 이명으로 무석목, 우석목 등으로 불렸으나 1970년대 초반에 관광용으로 '돌하르방'이라는 이름을 새로 지었다. 제주성 24기, 대정성 12기, 정의성 12기로 모두 48기가 있었으나 1기가 소실되어 현재 47기가 전해 온다. 그러나 2기는 서울 국립민속박물관 야외 전시실에 소장돼 있어 현재 제주도에는 45기가 있다. 또 제주특별자치도 자연사박물관 앞에 세운 좌측 1기의 돌하르방은 2017년 여름에 쓰러지면서 코가 깨져 버려 문화재 관리에 허술함을 드러냈다.
- 돌혹·돌확 : 통나무를 둥글게 판 절구의 중심에 심는 돌혹. 절구질을 하여 감물 들이는 땡감이나 양념용 마늘을 빻는 데 쓰는 도구.
- 돌화리 : 돌로 된 사각형의 난방기구인 화로.

- 돗통·통시 : 도새기(돼지) 우리, 칙간. 돌로 원형 내지 사각형의 울담을 두른 화장실. 문전본풀이에 따라 민간의 속설로 부엌과 올레는 서로 멀리 떨어져 있어야 한다고 한다. 부엌은 조왕할망(본부인) 차지고 칙간은 노일저대구의 똘(첩)이 죽은 곳이니 본처와 첩이 서로 원한 관계가 있어 결코 가까이 할 수 없는 관계를 말한다.
- 돗통담 : 도새기를 키우기 위해 쌓은 담. 통싯담.
- 동산질 : 고갯길.
- 동자석·동ㅈ석 : 무덤의 묘주를 위무하기 위해 한 쌍을 마주 보게 세우는 아이 모양의 석상으로, 묘주를 공양하는 시동(侍童)의 의미가 있다. 육지의 동자석은 머리 부분이 쌍계를 짓는 데 반해 제주의 동자석은 댕기머리와 쪽을 진 머리가 있다. 키가 작고 단순하게 표현돼 있으며 손에는 유교, 무속, 천주교, 불교의 기물과 새, 뱀, 꽃 등 다양한 기물을 들고 있다.
- 동자석·비석 제작, 운반 방법 : ① 사람 몸에 밧줄을 감고 산에 올라가 돌 캘 곳을 정한다. ② 크기를 결정하고 알기 구멍을 뚫는다. ③ 큰 메로 쳐서 암반에서 분리한다. ④ 밧줄로 밑으로 내리거나 가마니나 짚을 새끼줄로 감아 밑으로 던진 후 돌자기로 거칠게 다듬는다. ⑤ 곱자기로 세부를 다듬으면 형태를 완성한다. ⑥ 연마석으로 돌의 면을 밀면서 갈며 마감한다. ⑦ 동자석은 현장에서 완성하고 비석 돌은 지게에 지거나 큰 비석은 목도를 해서 운반한다. ⑧ 동자석과 글자 없는 비석은 마차에 실어 주문자에게 직접 운반한다. 다른 지역 돌은 솥뚜껑으로 갈아도 되지만 걸쇠오름 돌은 강해서 숫돌로 갈아야 한다.

- 돌코냉이 : 솔칵불을 피우는 돌 등잔. 솔칵불은 송진이 뭉친 소나무 가지를 잘라서 송진으 액으로 켜는 불로, 전기가 없던 시절의 조명용 불이다. 특별히 제삿날에는 접시에 심지를 만들어 참기름이나 유채 기름으로도 불을 켰다고 한다. 때로는 구린지름(魚油)이나 갯ㄴ물지름을 쓰기도 했다.
- 드르 : 들판을 말한다. 진(긴)드르, 알(下)드르, 웃(上)드르, 성(止)드르, 드르팟(野田) 등.
- 듬돌·등돌·들돌·뚱돌 : 마을 청년들이 힘을 겨루기 위해 만든 둥그런 돌로, 이것을 단번에 높이 들어 올리는 것으로 승패를 결정한다.
- 등명대 : 옛 등대인 '도대'를 부르는 다른 말. 제주시 북촌리에 있는 도대의 명칭.
- 디딜팡 : 발을 디딜 수 있게 만든 납작한 돌. 올레 한쪽 구석으로 나란히 일렬로 돌을 놓아 비가 올 때 발이 젖지 않게 징검다리를 삼은 돌. 또는 제주 전통 화장실에서 용변을 보기 위해 만든 길고 납작한 두 개의 돌판.
- 뗀석기 : 구석기 시대 돌 도구.
- 마애명(磨崖銘) : 한시나 경구, 좌우명, 사연, 이름을 경승지의 바위에 새긴 것. 음각이나 양각으로 새기기 때문에 '마애각(磨崖刻)'이라고도 한다. 유배인, 문인, 중앙 관리 등의 글씨와 문장을 경승지 바위에 새긴다. 대표적인 마애명 지역으로는 한라산 백록담, 방선문, 산방산, 용연의 돌 벽에 있다.
- 마을질(길) : 마을길은 큰 길과 샛길, 올레로 구분할 수 있는데 해안마을인 경우 바람의 방향에 따라 길의 방향도 같이 정해진다. 특히

제주시 신촌리, 동복리나 김녕리를 보면 마을길이 바다로 바로 연결된 것을 볼 수 있다. 이를 두 가지로 말할 수 있는데 첫째, 잠녀들이 물질을 하러 갈 때 돌아서 가지 않고 바로 집에서 바다로 직접 갈 수 있도록 골목을 연결한 것, 둘째, 바다로부터 불어오는 겨울 북서풍의 강한 바람을 분산시켜 그 힘을 약화시키고자 한라산 방향으로 올레를 열어 놓은 것이다. 이문간(대문) 앞에 여유 공간을 마련한 것도 곧장 불어오는 바람의 풍압을 줄이려고 한 경험적 지혜라고 할 수 있다.

- 막돌 : 아무렇게나 여기저기 뒹구는 잡석.
- 말담 : 각이 진 사각형의 산담의 다른 말. 말담은 보기가 싫어 선호하지 않으며 대개의 산담은 사다리꼴로 만든다.
- 맴돌 : 겨울이 되면 겨울을 나기 위해 마을 공동 목장에서 내려온 마소를 집 안에 매어 두기 위해 만든 돌. 또 이 돌은 성년이 된 마소나 야생마를 훈련시키기 위해 모래사장에서 마소에 매달아 훈련시키는 돌이기도 하다.
- 머들 : 돌무더기를 쌓아둔 곳을 말한다. '머돌', '머새', '머치', '머체'라고도 한다.
- 머을·머흘 : 곡식에 들어 있는 돌 알갱이. 또는 밭 군데군데에 박힌 돌.
- 머흘밧 : 자갈이 많은 밭. 또는 잔돌이 많이 깔린 해안.
- 먹돌 : 검으면서 매끈하고 단단한 돌.
- 면석(面石) : 평평하게 면을 다듬거나 각을 낸 돌로 '절석(切石)'이라고도 한다. 정석쌓기에 쓰이는 바른 돌을 말하기도 한다. 이 면

석은 정석인 경우 숙련된 석공이 하루에 10개 정도 다듬는다.

- 무르·무를 : 산등성이 마루.
- 모살밧(沙田)·몰래 : 모살이나 몰래는 모래의 제주어.
- 목 : 길이나 내(川)가 좁아지는 중요한 구역.
- 목장(牧場) : 과거 제주도 목장 관련 정보는『증보탐라지(增補耽羅誌)』에 상세하게 나와 있다. 이 자료에 의하면 제주도의 목마는 원나라가 동서 아막(阿幕)을 설치하며 시작되었는데, 조선 시대에 이르러 7소(所), 또는 20소(所)가 되었다가 1704년 목사 송정규(宋廷奎, 재임 기간 : 1704~1706)가 임금의 재가를 받아 목장의 돌담을 쌓고 소(所)를 합해 10소로 정하였다. 1~6소는 제주목에, 7, 8소는 대정현에, 9, 10소는 정의현에 속하도록 했다.
- 1744년(영조 20)에 목사 윤식(尹植, 재임 기간 : 1744~1745)이 돌담을 더 쌓아서 마우감(馬牛監) 및 테우리(牧子)를 정하고 목양(牧養)하게 하였다.
- 일소(一所)는 구좌면(구좌읍)에 있고, 목장의 폭이 55리이며 4곳에 물이 있다. 1·2소 간에 경계를 나누는 돌담이 없어서 두 목장의 우마가 서로 왕래하여 잃어버리는 일이 많으므로 1780년(정조 4) 목사 김영수(金永綬, 재임 기간 : 1778년~1781)가 돌담을 신축하여 그 폐단을 방지했다. 그때 쌓은 돌담의 길이는 956보이다.
- 이소(二所) : 조천면(조천읍)에 있었으니 목장의 폭이 50리이고 5곳에 물이 있다.
- 삼소(三所) : 조천면(조천읍)에 있었으니 목장의 폭이 50리이고 5곳에 물이 있다. 이 목장은 좌우로 돌담이 없어서 한라산 정상까지

직통으로 열려 있어 우마를 잃어버리는 일이 많았다. 1780년 목사 김영수가 가로 돌담을 신축하여 그 폐단을 방지했다. 신축한 돌담의 길이가 1,110보다.

- 사소(四所)는 제주읍(제주시)에 있다. 폭이 45리요, 11곳에 물이 있다.

- 오소(五所)는 애월면(애월읍)에 있으니 폭이 60리이다. 18곳에 물이 있다. 이 목장 또한 좌우로 돌담이 없어서 한라산 정상까지 직통하므로 우마를 잃어버리는 일이 많았다. 1780년 목사 김영수가 가로 돌담을 신축하여 그 폐단을 방지했다. 돌담의 길이가 1,530보이다. 육소(六所)는 한림면(한림읍)에 있으니 폭이 65리이며 8곳에 물이 있다.

- 칠소(七所)는 안덕면에 있으니 폭이 40리이다.

- 팔소(八所)는 중문면에 있으니 폭이 35리이다.

- 구소(九所)는 남원면(남원읍)에 있으며 폭이 70리이다. 7곳에 물이 있다.

- 십소(十所)는 표선면에 있으며 폭이 40리, 6곳에 물이 있다. 산마장(山馬場)은 상장(上場)·침장(針場)·녹산장(鹿山場)을 통칭하여 산장(山場)이라고 하는데 그 폭이 200리이며 213곳에 물이 있다. 이 목장은 폭이 커 한라산 정상까지 통하는데 그 때문에 우마를 잃어버리는 일이 많고 말을 몰아서 점검할 때에 삼읍의 남정(男丁)을 징발하여 폐단이 많자 목사 김영수가 민원에 따라 중산간 수초(水草)가 가장 좋은 곳을 택해 가로 돌담을 신축하고 입구에 길을 만들어 봄철에는 방목하고 겨울철에는 에워싸 기르게 하여 그 폐단을 없앴다. 길이가 11,013보요 높이가 4척이다. 1785년(정조 9)에 목사

윤득규(尹得逵, 재임 기간 : 1785~1786)가 조정의 명을 받아 사이사이 돌담을 철거하여 말이 다니는 길을 통하게 했다.

- 우도장(牛島場)은 성산읍 우도에 있었다. 폭이 50리이고 6곳에 물이 있다.

- 모동장(毛洞場)은 대정면(대정읍)에 있었다. 폭이 37리이다.

- 가파도장(加波島場)은 대정읍 가파리에 있으며 폭이 10리이다. 1751년 (영조 27)에 목사 정언유(鄭彦儒)가 흑우장을 설치하고 소 50두를 방목하여 1년간 낙점하고 진공(進貢)에 대비했었다.

- 산장(山場)은 10소장 안에 있으며 1600년(선조 33)에 정의현의 김만일(金萬鎰)이 손수 기른 말 500필을 헌상하고 남은 말들을 동서 별목장에 방목하니 이것이 산장의 시작이다. 1658년 (효종 9)에 김만일의 아들 김대길(金大吉)과 손자 김여(金礪)가 또 208마리를 헌상하니, 당시 목사였던 이괴가 임금께 아뢰어 김대길을 감목관으로 삼고 대를 이어 그 직을 세습케 하였다. 나날이 마필이 번식하니 3년마다 한 차례에 200필씩 헌납하다가 1780년 목사 김영수가 돌담을 쌓아서 말을 모는 폐단을 방지하고, 1895년(고종 32)에 이르러 관찰사 오경림(吳慶林, 재임 기간 : 1895~1896)이 감목관 제도를 폐지하고 공마는 돈으로 대신 납입케 하였다.

- 우둔(牛屯)은 구좌읍 행원리 바닷가에 있었으며 진상용 흑우를 키우던 곳이다. 조정에서 제사에 쓰는 흑우를 매년 20마리씩 진상하였다.

- 양잔(羊棧)은 제주읍(제주시) 사라봉 남쪽에 있었으며 양털을 확보하여 진상용 말안장에 사용하였다. 대정현과 정의현에도 양잔이

있었다.

- 저권(猪圈)은 제주읍 사창 및 동서창에 있었다.

- 고유(羔圍)는 우도와 비양도에 있었다.

- 물방애·몰ㄱ레·물ㄱ랑 : 마소의 힘을 이용하여 알돌에 놓은 곡식을 윗돌로 굴리며 도정하는 돌방애. 제주에는 항상 물이 흐르는 적당한 계류(溪流)가 없어 물레방아 대신 그 대용으로 마소를 이용한 물방애와 손으로 사용하는 남방애가 있었다. 물방애는 마을사람 10~15인 정도 모여 물방애 접을 구성하고 공동으로 사용하였다. 또 작은 마을 단위로 1개소씩 운영했던 곳도 있다. 1970년대 정미소가 등장하면서 마침내 역사 속으로 사라졌다. 남은 방애돌은 새마을운동의 여파로 4H마크 조형물로 마을 입구에 세워지기도 했다.

- 1870년(同治 9년)에 작성된 성산읍 신풍리 몰ㄱ레접(馬確接)『입록(立錄)』은 조선 말기 제주도 몰ㄱ레접에 대한 정황을 알 수 있는 자료다.

- "우리 마을에 원래부터 몰ㄱ레가 없어서 어떤 때는 절구로 쌀을 찧고 어떤 때는 정ㄱ레로 가루를 만드니 아이들과 부녀자의 수고로움이 이루 다 말할 수 없다. 그 노랫소리가 우는 소리 같이 슬퍼서 그 괴로움을 상상할 수가 있다. 지금 접원 모두가 쌀 2말과 삼베 2자씩 내어서 몰ㄱ레를 설치할 자본으로 삼았다. 이에 석공을 모아 돌을 다듬고 접원을 출역시켜 몰ㄱ레집을 두 칸 짓고 몰ㄱ레 1기를 설치하여 자손대대로 전하며 사용하기로 의논하였다."

- 또 그 절목(節目)에는,

- - 접원이 죽은 뒤에는 장자와 장손이 대신하고, 다른 아들이나 손

자들은 대신할 수 없다.

- - 새로 접원에 참가하려면 □□하여 참가할 수 있다.
- - 매년 동지 전에 새(茅) □묶음씩을 내어서 집을 일고 집강(執綱)을 선출한다.
- - ㄱ레를 사용할 때는 먼저 도착한 자를 우선으로 하여 차례차례 돌아가면서 사용한다. 혹시 파손이 되면 접원에게 알려 조치한다.
- - 접원이 아닌 사람이 사용하다 파손되면 그 사람이 주선하여 복구해야 한다.
- - 접원 중에 상을 당하면 그 상가(喪家)가 우선 사용하고 상가가 여럿 있을 때는 복(服)이 무거운 사람(상복을 입는 기간이 긴 사람)을 우선한다. * 이하 여러 명의 접원 이름(列名)과 원문(原文) 생략
- 물팡돌 : 말을 타고 내릴 때 딛는 팡돌.
- 무덤사리·ㅇ척·ㅇ총 : 아이의 무덤. 아총(兒塚).
- 무인석 : 무덤 앞에 세우는 무관(武官) 형상의 석상으로 '장군석'이라고도 한다. 왕릉에서는 무인석 뒤에 석마(石馬)를 하나씩 대동한다. 사대부묘에서는 무장(武將)인 경우 간혹 세운다. 민묘에서는 보기 힘든 석상인데 제주의 무인석은 돌하르방 형태로 자주 나타난다. 특히 무인석(武人石)은 왕릉에만 세우는 것으로 알려진 것과는 달리『가례집람(家禮輯覽)』에 인용된「광기(廣記)」에는 1~2품관의 무관(武官)도 무인석 1과 문인석 1을 세우는 것으로 나온다. 하지만 무인석은 사대부나 양반, 관리의 무덤에서는 매우 보기 드문 석상인데 이례적으로 경기도 용인에 있는 오명항(吳命恒, 1673~1728)의 무덤에 두 기의 무인석이 세워져 있다. 키가 2m가 넘고 칼

을 집고 선 우람한 체격, 험상궂지만 당당한 인상은 묘주(墓主)의
지위를 말해 주는 듯하다. 이 사례로 보아 무인석은 왕릉에만 세울
수 있는 것이 아니라 고위직 무관이나 전공(戰功)을 세운 문인 등
특별한 일이 있을 경우 무인석을 세울 수 있다는 것을 알 수 있다.

- 무뚱·뭇둥 : 처마 밑.
- 문인석 : 무덤 앞에 세우는 문관(文官) 형상의 석상. 왕릉에서는 문
  인석 옆에 석양(石羊)이나 석마(石馬)를 하나씩 대동한다.
- 물림잣, 배채움잣 : 돌담을 쌓는 두 가지 방식을 일컫는 말. 물림잣
  은 돌과 돌을 서로 물려서 쌓는 방법으로 한 줄 돌담인 잡석을 쌓
  을 때 쓰는 방식이다. 서로 돌담이 물려 있어야 무너지지 않고 견
  고하기 때문이다. 배채움잣은 겹담쌓기 방식으로 산담이나 잣담,
  환해장성을 쌓을 때 쓰는 방식이다. 양쪽으로 일정한 간격을 벌리
  고 큰 돌로 쌓아가면서 그 사이가 벌어진 속에 잔돌을 채운다. 물
  림쌓기는 육지의 석성쌓기에도 이용되었다.
- 물팡 : 물을 긷는 허벅을 올려놓기 위해 정지(부엌) 옆 무뚱(처마밑)
  에 Ⅱ 모양으로 만들어 놓은 돌 구조물. 또는 용천수가 나는 물통
  에 허벅을 이용하기 좋게 만든 팡.
- 물통 : 물방애에서 보리를 찧을 때 보리쌀이 깨지지 않고 껍질만
  벗겨지도록 물을 뿌려 사용하던 물통. 밑부분에 물을 뺄 수 있게
  구멍이 나 있다.
- ~물·물통 : 바닷가 해안에서 현무암의 지표를 뚫고 나오는 나는
  물(용천수). 제주도에서 가장 높은 용천수는 해발 1,600m 고지대
  에 백록샘, 용진샘 등이다. 현재 조사된 수가 911개이나 그보다 훨

씬 더 많다. 용천수는 제주도 하천의 상류 지점에서 물이 흐르다가 해발 고도 500m 정도에서는 지하로 스며들어 건천이 되다가 다시 그 물이 해안가에 이르러 용천대(湧泉帶)를 이룬다. 이 용천대를 따라 마을이 발달했다. 용천대에서 솟아나는 물은 식수, 빨래, 목욕 등 다양한 생활용수로 쓰였다.

- 물할망 : 제주시 동광양 본향인 미럭당에 모셨던 돌미럭. 생수를 떠서 미럭에게 빌면 아기를 낳게 해준다는 생불할망이다.

- 미럭 : 미래에 올 부처. 석상을 만들어 모시거나 괴석(怪石)을 미럭으로 모신다. 미럭 석상으로는 제주시 동자복 미럭과 서자복 미럭이 대표적이다. 바다에서 건져 올린 괴석을 미럭으로 모신 당은 김녕리 서문하르방당이 있다.

- 밧·왓·팟 : 밭. 농경지는 해발 200m 이내였으나 최근 감자 농사로 인해 새밭이나 목초지가 개간되면서 경작지 해발 고도가 높아지고 있다. 산야 목축지대는 200~600m 이내, 삼림지는 600m 이상이다.

- 방풍담 : 서귀포시 대정읍 가파도에 있는 돌담. 가파도 북동쪽으로 불어오는 세찬 바람을 막기 위해 가파도 개경(開耕) 당시 보리밥을 먹으며 쌓았다고 한다. 우도에도 이 같은 돌담이 있다.

- 밭담 : 밭을 구분하기 위해 가로줄과 세로줄로 쌓은 돌담.

- 벡담(벽담) : 축담, 돌담 안쪽으로 흙을 바른 담

- 벵듸 : 평지(平地). 넓은 벌판

- ㅂ름바위 : 대정읍 가파리 393번지에 있는 바위로, 이 바위 위에 함부로 올라가면 대풍이 분다고 하여 금기시 하고 있다. 가파도에는

바람과 관련된 바위들이 여럿 있는데 까마귀돌, 왕돌이 이와 연관이 있다.

- 보말담·사슬담 : 자잘하게 생긴 잔돌로 쌓은 담.
- 봉덕화로 : 상방에 설치된 사각형의 붙박이 돌화로.
- 봉수(烽燧) : 밤에 불꽃으로 신호를 알리는 해안 방어용 통신시설. 멀리서 잘 보이는 높은 곳에 위치한다.
- 부도(浮屠) : 스님의 사리나 화장한 유골을 안치한 탑 무덤. 제주에는 존자암지의 부도가 전해 온다.
- 비크레기·빅데기 : 비탈.
- 빗돌 산지 : 비석돌. 빗돌의 산지는 조면암이 나는 서귀포시 하례 1리 걸쇠오름, 범섬, 산방산, 영락리 돈돌오름, 제주시 내(川)의 돌이 유명했다.
- 빗돌마련 : 비석을 미리 마련해 두는 것. 제주인들은 사후 준비를 위해 글자 없는 비석돌을 미리 마련하여 올레 담이나 울담에 기대거나 보이도록 끼워 둔다.
- 빌레, 돌빌레, 빌레왓 : 땅이나 해안에 암석이 평평하게 묻힌 암반지대.
- 산담 : 무덤을 보호하기 위한 돌담 울타리.
- 산담굽 : 산담을 쌓을 때 맨 아래에 놓는 돌의 밑부분.
- 산담접·산담제(契) : 산담이나 돌담을 쌓기 위해 만든 계. 6~13인 정도 돌일을 잘하는 사람들이나 건장한 청년들로 만든 돌담 쌓는 직능 모임.
- 산담쌓기 : 산담은 안척(안쪽)과 밧척(바깥쪽)으로 나누어 축조하

는데, 먼저 안척의 굽을 놓은 후 다시 밧척의 굽을 놓는다. 측면 산담도 안척부터 밧척으로 굽을 놓은 후 전체 산담의 윤곽을 잡고 돌을 쌓아 올린 다음, 양쪽 돌 사이에 잔돌을 채운다. 산담은 미리 돌을 준비해 둔 집안에서는 장례 당일에 쌓기도 하지만 돌 준비가 안 되었으면 나중에 날을 보아 쌓기도 한다. 산담쌓기는 산담제가 전담했다. 오늘날은 장법이 변해 산담 쌓는 것을 보기 어렵고 땅값의 상승으로 산담 치우기에 바쁘다.

- 산물담 : 용천수를 보호하는 돌담. 산물을 '나는 물'이라고도 한다.
- 산전(山田) : 화전(火田), 또는 마을 뒤편의 거친 들.
- 산천 : 무덤 기운.
- 산체·산터 : 묏자리, 무덤자리.
- 산역시(役事) : 무덤을 쌓는 일.
- 삼사석(三射石) : 고, 양, 부 삼신인이 화살을 쏘아 마을을 정할 때의 돌. 노봉 김정 목사가 '살쏜돌(矢射石)'을 보고는 단을 만들고 그 돌을 안치하여 곁에 비석을 세웠다. 이 '삼사석'이라는 이름은 노봉이 지었다. 노봉은 화북포 축항 공사를 지휘하며 '몸소 돌을 져 나른 목사'라는 전설을 남겼는데, 화북포 현장에서 과로로 쓰러져 68세에 사망했다.
- 상모리 거욱 : 극대, 하르방 등으로 불린다. 다른 거욱이 돌까마귀나 석인, 돌코냉이를 탑 위에 세운 것과 달리 석상 자체로 이루어진 거욱이다. 대정읍 모슬포 하모리 경계에 임하여 상모리에 있다. 이 거욱은 마을의 기운을 유지하고, 경계 표시이면서 수호하는 주술적인 기능이 있다고 한다. 1기는 벙것을 쓴 석인이 주먹을 쥔

형상이고, 다른 1기는 모난 기둥돌이다. 가슴에는 '간(干)' 자 또는 '왕(王)' 자가 새겨져 있다. 갸(干)의 의미는 '방어하다', '마다'라는 의미가 있으며, 왕(王)은 사천왕과 같이 수호적인 의미와 연관을 지을 수도 있다.

- 새각담 : 무덤의 허한 방향으로 오는 황천살을 막기 위해 쌓은 부속형 돌담. 산담 위 한쪽 방향을 높이 쌓거나 산담 옆으로 조금 떨어져 쌓는 돌담. 간혹 '방제(防止)담'이라고도 불린다. 일종의 비보풍수(裨補風水)의 방법이다.

- 서드릭·서드레기·설덕·서르릭 : 박힌 돌 위에 갖가지 잡석들이 어지럽게 대규모로 쌓이고 온갖 잡초가 우거진 곳. 또는 암반으로 이루어진 동산만한 돌산.

- 석곽 : 현무암 판석으로 사방을 직사각형으로 두른 지하의 석곽으로 그 속에 목관을 안치했다.

- 석곽방묘 : 현무암 판석으로 사방을 직사각형으로 두른 지상의 석곽으로, 그 위를 흙으로 덮은 사각형의 무덤.

- 석물(石物) : 돌로 된 무덤의 조형물, 망주석, 문인석, 동자석, 상석, 돌잔, 토신단 등.

- 석상(石像) : 돌로 만든 사람 형상.

- 석성(石城) : 돌을 이용하여 쌓은 방어용 성곽. 제주의 읍성은 평지에 축조된 평지성(平地城)이다. 돌로 성을 쌓은 방법은 협축법(夾築法)으로 쌓았다. 협축법이란 성벽의 안팎 모두를 수직의 돌벽으로 쌓는 방식이다. 처음 성은 목책이나 토성이었다. 그러다가 흙에 돌을 섞는 석심토축(石心土築)에서 방어할 행정 구역이 넓어지

면서 흙 대신 돌을 이용한 체성(體城)을 쌓았다. 석성을 쌓기 시작한 시기는 삼국시대로, 삼국이 비슷하고 신라의 경우 6세기경부터 석성을 쌓았다고 한다.

- 석장(石匠) : 장인의 하나로 돌을 다루는 기술자. 돌챙이. '석수'라고도 한다.
- 석탑 : 제주의 석탑은 매우 희귀하다. 고려 시대 창건한 수정사지(水精寺址)에서 발굴된 다층 석탑의 사천왕상이 새겨진 면석이 전하며, 보물 제1182호 원당사지오층석탑이 도내에서 유일한 탑이다.
- 석함(石函) : 돌로 된 함. 제주 신화에 자주 나오는 공간 이동 도구로, 신들을 이 석함에 실어 물에 띄워 보냈다.
- 선돌(입석) : 마을의 방위를 고려해 세운 돌. 이 선돌이 마을로 오는 전염병을 방지한다고 믿었다.
- 선용 : 모습, 형상(形像).
- 선정비(善政碑) : 선정을 베푼 목사·현감·판관·조방장 등을 잊지 않고 기리는 비석. 주로 마을 입구 비석 거리에 세운다.
- 섬비 : 솔가지 위에 돌덩이를 올려놓고 끄는 밭 밟기용 도구. 사람이 줄을 걸어 당기면서 밭 전체를 돌아다니는데, 씨가 바람에 날리지 않도록 골고루 누르며 이동한다.
- 섭돌 : 잡석의 다른 말. 잡담을 쌓을 때 쓰는 돌이다. 밭담, 집담, 올레담을 쌓을 때 쓰는 담이다. 고정팔(대정읍 인성리 인성로 25번길 24-13, 77세), 김녕에서는 이런 돌을 뭇돌이라고 한다.
- 성담 : 읍성이나 진성(鎭城)을 쌓은 담,
- 셋담 : 양쪽 돌담 사이로 다시 쌓은 돌담.

- 셋질·샛질 : 지름길.
- 생빌레·쌩빌레 : 흙 속 깊숙하게 박힌 암반. '나아진 돌(앉힌 돌)'이라고도 한다.
- 속돌·솜돌 : 돌 자체가 가벼워 물에 뜨는 돌(輕石). 바늘을 갈 때 쓴다. 제주시 애월리 물가 모래 속에서 근근이 발견되었다고 한다. 북제주군 해안에서는 옛날부터 속돌을 채집하여 서울로 보내 바늘의 녹을 닦는 데 사용했다. 1919년 당시 1백돈쭝에 8전 정도에 팔렸다고 한다.
- 송이 : 검은색. 혹은 붉은색 화산재가 굳은 알갱이. 스코리아 콘.
- 솥덕 : 솥을 걸기 위해 세 개의 돌을 놓아 아궁이를 만든 것.
- 수덕·수월 : 큰 돌들이 엉켜 있고 잡목이 우거진 곳.
- 순전 : 길 옆에 쌓은 돌. 또는 담 받침.
- 술·수리·수덕 : 자왈의 비슷한 말. 가시나무나 잡목의 거친 숲.
- 쉐번(번쉐)·ᄆᆞᆯ번 : 제주는 마을마다 공동 목장이 있어 집집마다 아침저녁으로 쉐나 말을 먹이러 다녀야 했다. 밭담이 발달한 이유도 날마다 들에 다니는 마소 때문이다. 직업적으로 테우리가 있어 이를 전담하여 테아리 삯으로 매달 곡식을 받아가는 마을도 있지만 당번을 정해 돌아가며 마소를 보는 경우도 있다. 쉐번과 ᄆᆞᆯ번은 마소가 있는 사람들 15~20인 정도가 모여 계를 결성했는데, 순번을 정해서 돌아가면서 마소를 돌보는 것이다. 소는 밭 갈 목적으로, 말은 마차를 끌기 위해 키웠다. 유사한 말로 ᄆᆞ쉬접.
- 쉼팡 : 길을 오갈 때 짐을 지거나 지친 사람을 위해 만든 팡돌.
- 신돌 : 칼이나 호미의 날을 세우는 돌. 숫돌.

- 신석기 시대 돌도구 : 약 1만 년 전후의 고산리 신석기 유적과 그 후 조천읍 북촌리, 애월읍 광령리, 대정읍 상모리, 안덕면 대평리 유적에서 출토된 석기류는 돌망치, 돌대패, 돌칼, 돌도끼, 대량의 화살촉, 돌자귀, 공이도끼 등이다.
- 알기·알귀 : 쇠로 된 사각형 모양의 쐐기로 돌을 떼어 낼 때 구멍에 박는 작은 끌정. 돌을 캘 때 적당한 수의 알기를 박아 큰 메로 치면 돌이 결 따라 갈라진다. 지금도 산방산 빌레와 걸쇠오름 빌레에 알기 구멍의 흔적이 많이 남아 있다. 알기에는 쇠알기와 나무알기가 있다. 특히 나무알기로 큰 돌을 깰 때 메로 두드리지 않고 나무알기에 물을 자꾸 부으면 부풀리는 압력으로 돌을 깰 수 있다고 한다.
- 암매 : 큰 암석.
- 어귓돌·귓돌 : 올레 양쪽 돌담에 쌓는 큰 돌. 혹은 산담 네 귀퉁이에 놓는 큰 돌로 대정 지방에서는 사위가 놓는 돌로 인식된다.
- 어귓담 : 올레 입구나 집 입구 양쪽에 쌓는 돌담. 김녕 동복 지역에는 어귓담을 면을 고르게 깎은 정석으로 양쪽에 한 줄씩 줄지어 쌓는다.
- 얼캐·얼크레기 : 돌이 울퉁불퉁한 곳.
- 엉장 : 바닥를 끼고 이루어진 높은 언덕 밑 굴처럼 굽어 들어간 낭떠러지. 암반이 파고 들어간 곳을 '엉', '엉덕'이라고도 한다.
- 여(礖) : 해안가에 썰물이면 드러나는 암초.
- 연대(煙臺) : 낮에 연기로 위급을 알리는 해안 방어시설. 돌로 단을 쌓아 연기의 숫자로 상황을 전한다.
- 영등하르방 : 성산읍 시흥리 바닷가에 세워진 거욱의 일종으로, 지미봉과 우도 사이에서 들어오는 헛불을 막기 위해 쌓은 돌탑 위 석상.

- 오석불(五石佛) : 제주시 회천동 화천사의 5개의 석불. 자연석을 약간 손질하여 얼굴 형상을 만든 석상으로, 기자(祈子) 불공을 드리면 득남한다고 한다. 무속화가 불교화가 되었다.

- 올레·올래·오래 : 큰길에서 집으로 들어가는 긴 골목. 올레에는 올레목·어귓돌·몰팡돌·정주목이 있으며, 올레 바닥에는 올레팍과 비 올 때 다니는 디딜팡이 있다. 무덤의 산담에도 영혼의 출입구인 올레(神門)가 있는데, 약 40~50cm 정도의 간격을 두고 그 위에 정돌을 1~3개 올려놓아 사람과 마소의 출입을 통제한다.

- 올레목·올레어귀 : 올레가 시작되는 첫머리. 올레팍이나 어귓돌로 이를 알림.

- 올레직이 : 정주목신. 문지기. 또는 할 일 없이 왔다갔다하며 사람만 쳐다보는 한심한 사람을 말함.

- 왕돌 : 큰 돌.

- 외날찍기 : 조면암 자갈로 만든 한쪽 날로 된 찍기. 2006년 외도운동장 부지에서 출토된 이 찍기는 구석기 시대 유적으로 추정됨.

- 외담(웨담)·외돌이 : 한 줄로 쌓아올린 돌담.

- 우잣·우잣담 : 집 안에 쌓는 돌담. 우잣(宇城).

- 울담 : 이웃집과의 경계를 삼은 돌담.

- 원·원담·갯담·개 : 해안에 작은 여가 형성된 곳을 서로 이어 막아 밀물 때 고기가 들어오게 하고 썰물 때 가두어진 고기를 잡는 돌담. 원담은 바다 방향은 완만하게 만들고 마을 방향은 수직으로 만들어 고기가 들어오기는 쉬우나 썰물이면 막혀서 못 나가게 만든 겹담 구조의 돌그물이다.

- 인비역 : 노동력.
- 일자(一字)담 : 민간에서 부르는 정석쌓기의 다른 말. 일자(一字)처럼 곧게 쌓는다고 하여 붙여진 이름으로 김녕에서 부른다.
- 일쿰 : 일당.
- 잇돌 : 낙수물이 질 때 처마 밑이 파이지 않게 놓는 돌. 주로 먹돌을 잘 놓는다.
- 자왈·자월 : 돌이 널려 있고 가시넝쿨과 잡목으로 거친 소규모 숲을 이루는 곳. 지역에 따라 '가시자왈', '돌자왈'이라 한다.
- 작지·작멜·작멸·장멜·작지·조작지, 즌작지 : 잔돌, 즉 자갈. 또 작은 자갈을 '즌작지', 비교적 큰 자갈을 '왕작지', 잣굽담을 쌓을 때 맨 아래 층에 다겹으로 놓는 자갈을 '굽작지', 밭의 물기를 유지시키는 자갈을 '지름작지(기름자갈)'라고 한다.
- 작지왓 : 자갈밭.
- 잡담 · 막담·막돌담 : 다듬지 않는 돌덩이를 이용해 한 줄로 막 쌓아 올라간 담. 이를 잡담이라고 한다. 허튼 쌓기는 이런 잡담을 육지에서 사용하는 용어다.
- 잣 : 성.
- 잣성 : 한라산을 중심으로 목마장을 만들 때 상잣·중잣·하잣을 구분하기 위해 쌓은 목축용 돌담.
- 잣담 : 잔돌만으로 널따랗게 쌓아올려 성처럼 넓게 쌓은 돌담.
- 잣굽담 : 잔돌로 돌담의 하부를 넓게 쌓은 후 그 위에 큰 돌을 얹으며 외담으로 쌓아 올린 돌담. 물 빠짐을 좋게 하고 잔돌과 큰 돌을 함께 처리할 수 있어서 일거양득의 효과가 있는 돌담이다. 특히 기

울기가 심한 밭, 계단처럼 층계 진 밭, 올레에 물이 잘 고이는 올레 담에 많이 쌓는다.

- 잣-도 : 성 입구.
- 잣질 : 잣담 위를 길로 사용하는 돌담길.
- 잣벡·잣벡담 : 밭을 일구다 나온 잔돌을 벽처럼 구석에 넓게 쌓은 돌담. 혹은 작지를 여러 겹으로 넓게 성처럼 쌓은 돌담.
- 장항굽 : 간장, 된장 등 염장(鹽藏) 음식을 저장한 항아리를 받치는 평평한 돌.
- 적·송이 : 화산 분출 시 잘게 부서진 알갱이. 붉은 스코리아.
- 적려유허비(謫廬遺墟碑) : 유배 온 선비를 기리기 위해 세운 비. 우암 송시열, 동계 정온의 비가 대표적이다.
- 정 : 돌을 다듬을 때 쓰는 도구.
- 정·정낭·정주목·정술낭·정문 : 집 어귀 대문 대신 구멍 뚫린 정에 가로지르는 나무. 바람이 많아서 개방형이고, 마소의 출입이 편리하도록 만든 시설을 말한다. 가로 걸치는 나무인 정낭은 1~5개까지 있다. 5개인 경우 큰 마소를 키울 경우 높인 것이다. 정주목을 '올레직'이라고도 하는데, 신화에 의하면 이 정주목은 남선비 큰아들의 넋이라고 하여 집안의 제사가 끝나면 잡식(걸맹)한 제물을 올레에 뿌려 대접한다.
- 정석쌓기 : 바른돌쌓기. 돌들을 사각형 모양으로 곱게 자르고 바르게 쌓은 담.
- 정치석·경치돌담 : 견치석(犬齒石)의 옛 와음. 견치석은 개 이빨 같이 생긴 돌이라는 뜻으로, 절개지의 흙벽이 무너지는 것을 방지하

기 위해 쌓는 축담이다. 견치석은 일제강점기에 한국에 유입돼 흙벽이 무너지지 않도록 한 쪽 면을 뾰족하게 하여 흙벽에 박으며 쌓는 돌담이다. 밖은 마름모 모양으로 끼워 맞춰서 정교하게 보인다.

• 제주도에 비석 증가 : 경제적인 여건이 나빠 비석 세우기가 어려웠던 조선 시대와는 달리 일제강점기는 조선총독부가 비석이 없는 무덤은 모두 파헤치겠다고 선포하자 조상의 무덤을 보호하기 위한 방편으로 비석이 갑자기 증가하게 되었다. 또 1960년대 말 1970년대 초 재일제주인들이 고향 방문 시 효도를 못한 슬픔으로 돌아가신 부모님을 위해 비석과 산담을 조성하기도 했다.

• 조천석 : 제주성 동문 큰길로 나가는 광제교(光霽橋) 바로 남쪽에 자연석 위에 세웠던 신앙석으로, 방조(防潮)와 경수(警水)의 기능이 있었다. 자연석 아래에는 "지주암(砥柱巖)"이라고 쓰여 있었다고 한다. 지주(砥柱)는 중국 황하(黃河) 가운데 있는 산 이름으로, "아무리 큰 홍수가 나고 격류가 흘러도 움직이지 않는다."는 고사에서 따온 것이라고 한다. 지주암 위 석상에는 음각으로 '朝天'이라 새겼기 때문에 '조천석'이라고 부르게 된 것이다. 흐르는 물이 조천석 어디에 이르느냐에 따라 산지천의 수위, 수압을 측정했다. 그만큼 산지천은 태풍이 불거나 폭우가 내리면 삽시간에 범람하여 공포의 내(川)로 변하기 때문에 물의 재앙을 막기 위해 조천(朝天)이라는 글자를 쓴 석상을 세웠던 것이다.

• 향토사학자 고(故) 홍순만 선생은 조천(朝天)이란 "천제를 우러러 뵙는다."라는 뜻으로 해석하여, 산지천의 재앙을 막는 제사를 올리는 조두석(俎豆石)으로 보았다. 조천석은 현재 제주대학교 박물

관에 소장돼 있고 조천석을 세웠던 지주암(砥柱巖)은 산지천 개발 과정에서 사라져 버렸다고 한다.

- 노봉(蘆峰) 김정(1670~1737)의 시에, 조천석을 보고 지은 시가 있다.

우뚝하게 홀로서서(屹然獨立)

오랜 세월 쓰러지지 않으니(千古不頹)

바람과 여울 격한 물결에도(風湍激浪)

그 무엇이 너 같을까(其如汝何)

- 좀돌날몸돌 : 구석기 최말기의 돌 도구.
- 질콧 : 길가.
- 징겁 : 급한 비탈.
- 축담 : 집 지을 때 벽을 쌓는 돌담. 바람이 들지 못하게 안팎으로 진흙에 보릿짚을 썰어 섞어 이긴 후 바른다.
- 칠성도(七星圖) : 세 성씨가 처음 나올 때 북두칠성을 모방하여 쌓은 단.
- 칠성 석함·칠성돌 : 띠로 엮은 칠성눌 대신 현무암재로 돌함을 만들어 칠성을 모신 것. 직사각형의 돌에 사각의 홈을 파서 오곡을 싼 '지'를 놓고 뚜껑을 덮은 돌함.
- 칭겁돌·칭돌 : 계단석.
- 캐·케 : 가시와 잡목, 돌무더기로 얽어진 곳. '캐왓'이라고 하면 개간되지 않은 거친 들을 말한다.
- 코지 : 해안에서 바다로 뾰족하게 튀어나온 지형.

- 토신단(土神壇) : 무덤 뒤편 망자의 좌측에 토지신에게 제사를 지내는 사각형의 제단. 무덤에 제사를 지내기 위해서는 먼저 토지신에게 제사를 지내야 한다.
- 토신상(土神像) : 토신단 대신 토지신 형상을 세웠는데, 한라산 중턱 1,600m 고지 지점의 마희문 무덤과 광령리 마희문 처의 무덤, 그리고 그의 아들 마용기의 무덤에 세워져 있다. 마희문 무덤의 토신상은 정자관을 썼고, 그 처와 아들 마용기 무덤에는 동자석 모양의 토신상을 세웠다.
- 통·물통 : 움푹 파여서 물이 잘 고이는 곳.
- 통시담 : 돼지우리 돌담
- 톡 : 턱 경계가 되는 곳. 올레톡(턱), 마당톡(턱).
- 팡돌 : 발을 디딜 수 있게 만든 넓적한 돌.
- 포제단 : 마을 단위로 마을 수호신과 이와 관련된 신을 위해 제사를 지내는 단. 포제(酺祭)의.
- 할망당(갯당) : 잠녀들이 물질하는 해안가에 돌담을 두른 신당. 물질의 안전, 가족의 평안, 건강을 빈다. 마을에 따라 다양한 이름으로 불린다.
- 해량돌 : 현무암인데 담을 쌓는 잡담이나 비교적 고운 돌. 돌가마 지을 때 사용한다. 곳돌로도 돌가마를 짓는다. (강영화, 구억리 686, 2017년 기준 78세)
- 홈·콤 : 움텅한 곳.
- 후망탑 : 마을 공동 목장에 방목한 마소를 잘 감시하기 위해 ᄆ쉬접 테우리들이 언덕 위에 돌을 쌓아 마소를 감시하기 위해 만든 탑.

참고문헌

1. 단행본

강영봉, 『제주의 언어1』, 제주 문화, 2001

고광민, 『濟州島浦口硏究』, 濟州大學校耽羅文化硏究所. 2003

고성보외, 『제주의 돌담 - 가치평가와 문화관광자원화 방안』, 제주대학교출판부, 2009

고재환, 『제주속담사전』, 민속원, 2002

고창석, 『耽羅國時代史』, 서귀포문화원, 2007

고창석편, 『耽羅國史料集』, 신아문화사, 1995

권동희, 『한국의 지형』, 한울아카데미, 2007

國立文化財硏究所, 『韓國考古學事典』, 2001

김봉옥, 『제주통사』, 제주 문화, 1990

김유정, 『아름다운 제주석상 동자석』, 파피루스, 2005

_____, 『제주풍토와 무덤』, 서귀포문화원, 2012

_____, 『제주의 돌 문화』, 서귀포문화원, 2013

김유정, 손명철 공저, 『제주의 무덤』, 국립민속박물관, 2006

김일우, 『高麗時代 耽羅史 硏究』, 신서원, 2000

金淨, 「濟州風土錄」, 『탐라문헌집』, 제주도교육위원회, 1976

김정, 『蘆峰文集』, 金益洙 譯, 濟州文化院, 2003

김찬흡, 『제주사인명록』, 제주 문화원, 2002

김천형, 『탐라사료문헌집』, 도서출발 디딤돌, 2004

김혜우 외, 『고려사탐라록』, 제주 문화, 1994

다카하시 노보루, 『朝鮮半島의 農法과 農民(1939)』, 濟州市遇堂圖書館, 2000

동아대학교 석당학술원, 『국역 고려사』, 2006

민족문화추진회, 『東文選』, 1971

朴用厚,『濟州方言硏究』, 高麗大學校民族文化硏究所, 1988

_____,『濟州島誌』, 白映社, 1976

북제주군·제주대학박물관,『북제주군의 문화유적1』, 1998

블라쉬(P. Vidal. de la Blache),『인문지리학 원리』, 최운식 옮김, 교학연구
사, 2002

석주명,『濟州島 隨筆』, 보진재, 1968

성균관대학교 대동문화연구원,『국역 지포집』, 1984

송상조 엮음,『제주말 큰사전』, 한국문화사, 2007

송성대,『문화의 원류와 그 이해』, 각, 2001

신서원 편집부,『高麗史節要』, 민족문화추진회 옮김, 신서원, 2004

우락기,『濟州道-大韓地誌1』, 1965

유홍준,『한국미술사 강의1』, 눌와, 2010

이문교,『제주감귤문헌목록』, 제주발전연구원, 2000

이선복,『고고학 개론』, 이론과 실천, 1992

李源祚,『耽羅誌草本 上·下』, 濟州敎育博物館, 2007

이이화,『한국사 이야기 7-몽골의 침략과 30년 항쟁』, 한길사, 2006

李益泰,『知瀛錄』, 金益洙 譯, 濟州文化院, 1997

이 전,『촌락지리학』, 푸른길, 2011

李增,『南槎日錄』, 金益洙 譯, 濟州文化院, 2001

李淸圭,『濟州島 考古學 硏究』, 學硏文化社, 1999

장영훈,『왕릉풍수와 조선의 역사』, 대원사, 2000

정운경,『탐라문견록, 바다 밖의 넓은 세상』, 정민 옮김, 휴머니스트, 2008

제주도교육청,『탐라문헌집』, 1976

제주 문화방송,『조선왕조실록 탐라록』, 1986

濟州文化放送,『朝鮮王朝實錄 耽羅錄』, 1986

濟州文化院,『역주 증보탐라지(譯註增補耽羅誌)』, 2005

제주특별자치도, (사)제주역사문화진흥원,『김녕리』, 2010

濟州道,『濟州의 民俗V-民間信仰・社會構造』, 1998

_____,『濟州의 防禦遺跡』, 1996

_____,『濟州語辭典』, 1995

_____,『제주 돌・바람 그 문화와 자연』, 1998

濟州道敎育委員會,『耽羅文獻集』, 1976

제주불교사연구회,『근대제주불교사자료집』, 2002

제주시 제주대학교박물관,『濟州市의 문화유적』, 1992

제주시 제주 문화원,『濟州市의 옛 地名』, 1996

제주특별자치도 문화관광해설사회,『구좌읍의 갯담과 불턱』, 2009

趙誠倫 외,『19C 濟州社會硏究』, 一志社, 1997

趙潤濟,「濟州島의 民謠」『20世紀 前半의 濟州島』, 濟州市愚堂圖書館, 1997

韓國文化象徵辭典編纂委員會,『韓國文化象徵辭典』, 동아출판사, 1992

한국문화원연합회 제주특별자치도회,『제주도 接・契문화조사보고서』,
      2010

韓國學文獻硏究所 編,『韓國地理志叢書 邑誌 六 濟州道』, 亞細亞文化社,
      1983

한국민족문화대백과사전편찬부,『한국민족대백과사전7』, 한국정신문화원,
      1994

허경진,『白雲 李奎報詩選』, 평민사, 1993

玄容駿,『濟州島巫俗資料事典』, 新丘文化社, 1980

홍성목 역,『20世紀 前半의 濟州島』, 우당도서관, 1997

2. 논문

김유정,「제주도 동자석 연구-풍토미학의 정립을 위한 시론」, 부산대학교 일
      반대학원 예술학석사 학위논문, 2012

송창훈,「제주석의 특성 및 표현기법 연구」, 제주대학교 대학원 미술학과석
      사학위논문, 2005

3. 원전 자료

『濟州邑誌』

『耽羅事例』

『耽羅營事例』

『海東歷史』

『五洲衍文長箋散稿』

4. 간행물 및 도록

국립제주박물관, 『섬, 흙, 기억의 고리』, 2009

관광제주사, 『월간관광 濟州』, 통권 제40호, 1988년 3월호

국립제주박물관, 『濟州의 歷史와 文化』, 2001

慶州金氏益和君濟州派世譜編纂委員會, 『慶州金氏益和君濟州派世譜
　　　1,2,3』, 1978

김유정, 「제주의 무덤 석물」, 『문화북제주』제3호, 2003, 북제주 문화원

월간관광제주사, 『월간관광제주』, 통권25호, 1986년 12월호

_____, 『월간관광제주』, 통권40호, 1988년 3월호

_____, 『월간관광제주』, 통권59호, 1989년 10월호

_____, 『월간제주』, 통권70호 1991년 9월호

송성대, 「제주도의 위치와 형성」, 『탐라, 역사와 문화』, 제주사정립사업추진
　　　위원회, 1998

전북사학회, 『문정공 지포 김구 선생의 학문과 사상』, 2011

_____, 『지포 김구와 부안의 유교문화』, 2012

제주대학교인문대학 국어국문학과, 『국문학보』, 제16집, 2004

제주도, 『南國의 寶庫 濟州島』, 제주도, 1997

빛깔있는 책들 101-39

제주 돌담

글·사진 | 김유정

초판 1쇄 발행 | 2015년 5월 20일
초판 2쇄 발행 | 2019년 6월 15일

발행인 | 김남석
발행처 | ㈜대원사
주　소 | 135-945 서울시 강남구 양재대로 55길 37, 302
전　화 | (02)757-6711, 6717~9
팩시밀리 | (02)775-8043
등록번호 | 제3-191호
홈페이지 | http://www.daewonsa.co.kr

값 9,800원

ⓒ 김유정, 2015

Daewonsa Publishing Co., Ltd
Printed in Korea 2015

ISBN | 978-89-369-0281-0
　　　978-89-369-0000-7 (세트)

이 책의 국립중앙도서관 출판시 도서목록(CIP)은 e-CIP홈페이지(http://www.nl.go.kr/ecip)에서
이용하실 수 있습니다. (CIP제어번호 : 2015011873)

빛깔있는 책들